Femmes Débordées

LE LIVRE QUI VA VOUS SIMPLIFIER AU LA VIE QUOTIDIEN

Texte : Céline Copier
Illustrations : Sophie Lambda
Direction éditoriale : Delphine Blétry

Réalisation : Édiclic
Création graphique et mise en pages : Violette Bénilan pour Édiclic

Tous droits de traduction, d'adaptation et de reproduction réservés pour tous pays.
© Éditions Michel Lafon, 2017 118, avenue Achille-Peretti – CS 70024
92251 Neuilly-sur-Seine Cedex - www.michel-lafon.com
Achevé d'imprimer en Italie en juillet 2017 par Centro Poligrafico Milano S.p.A.
Première édition

Dépôt légal : Août 2017
ISBN : 978-2-7499-3342-9
LAF : 2437

Femmes Débordées

LE LIVRE QUI VA VOUS SIMPLIFIER AU LA VIE QUOTIDIEN

CÉLINE COPIER

À mes filles, Salomé et Ilana, qui ont fait de moi une femme débordée mais une maman comblée (enfin, presque toujours !).

À mon chat Myrtille, fidèle compagnon de mon clavier !

SOMMAIRE

♥ Pourquoi ce livre va-t-il vous simplifier la vie au quotidien ? … 8

☆ **LA REINE DU QUOTIDIEN, C'EST MOI OU SE SIMPLIFIER LE QUOTIDIEN** … 11
- ★ Ne plus être en retard le matin c'est possible ! … 12
- ★ Ne plus être débordée le soir, c'est aussi possible ! … 16
- ★ 15 idées pour gagner du temps … 20
- ★ Je reste zen en toutes circonstances … 25
- ★ Petits plaisirs au quotidien … 28
- ★ Spécial déménagement … 34

☆ **LA REINE DES REPAS, C'EST MOI OU SE SIMPLIFIER LES REPAS** … 39
- ★ Se simplifier les courses une bonne fois pour toutes … 40
- ★ Comment rendre sa cuisine fonctionnelle ? … 44
- ★ En finir avec l'éternel : Qu'est-ce que je vais bien pouvoir faire à manger ce soir ? … 49
- ★ 8 idées de dîners anti-blues du dimanche soir … 52
- ★ 10 conseils pour une alimentation équilibrée qui prend 2 secondes en cuisine … 55
- ★ J'organise ma pause-déjeuner … 57

☆ **LA MAISON AU TOP, C'EST LA MIENNE OU AVOIR ENFIN UNE MAISON EN ORDRE** … 61
- ★ En finir avec le bazar dans ma maison … 62
- ★ Un salon digne de ce nom … 64
- ★ La chambre de mes enfants au carré … 68
- ★ 10 trucs pour ne plus avoir un bureau en pagaille … 74
- ★ Ma salle de bains zen … 78
- ★ Mes placards optimisés … 82

☆ ALLÉGER LA CORVÉE MÉNAGE, ENFIN ESSAYER ! — 91

- ★ Ménage quotidien l'air de rien — 96
- ★ Méthode pour un ménage efficace — 100
- ★ Se faire aider par les enfants — 102
- ★ Fini le linge par-dessus la tête — 106
- ★ Grand ménage et rangement de printemps — 110

☆ SE SIMPLIFIER LE QUOTIDIEN AVEC LES ENFANTS — 117

- ★ 10 conseils pour concilier au mieux boulot et marmots — 118
- ★ Ne plus faire rimer devoirs avec cauchemar — 124
- ★ J'arrête de répéter 25 fois la même chose — 128
- ★ 10 idées de moments joyeux en famille — 130
- ★ Organiser un anniversaire au top sans se prendre la tête — 134
- ★ Baby-sitting sans mauvaise surprise — 142
- ★ Nos astuces pour survivre aux « mercredis taxi » — 146

♥ BONUS ! Rentrée des classes en mode organisée ! — 150

☆ RECETTES ET MENUS DES FEMMES DÉBORDÉES — 153

- ★ Sommaire des recettes — 154
- ★ Les salades express — 156
- ★ Les tartes pas tartes ! — 159
- ★ Les soupes maison pour mamans pressées — 162
- ★ Les plats à fond la caisse — 164
- ★ Les pastas des mammas à court d'idées ! — 166

☆ LES LISTES QUI SIMPLIFIENT LA VIE — 177

♥ Ma liste de courses — 178

♥ Le Lutin malin — 184

♥ La liste Ménage Magique — 186

♥ **Les To-do Lists** — 193
- ★ Liste des inéluctables missions de JANVIER — 193
- ★ Liste des inéluctables missions SPÉCIAL SKI — 194
- ★ Liste des missions incontournables de FÉVRIER — 195
- ★ Liste des inéluctables missions de MARS — 196
- ★ Liste des inéluctables missions d'AVRIL — 197
- ★ Liste des inéluctables missions de MAI — 198
- ★ Liste des inéluctables missions de JUIN — 199
- ★ Liste Spéciale PRÉPARATION VACANCES — 200
- ★ Liste des missions incontournables de l'ÉTÉ — 201
- ★ Liste des inéluctables missions de SEPTEMBRE — 202
- ★ Liste des inéluctables missions d'OCTOBRE — 203
- ★ Liste des inéluctables missions de NOVEMBRE — 204
- ★ Liste des inéluctables missions de DÉCEMBRE — 205

♥ *Les pictos du planning de routine matin et soir* — 206

Pourquoi ce livre va-t-il vous simplifier la vie au quotidien ?

PARCE QUE, POUR NE CITER POÉTIQUEMENT QUE QUELQUES TÂCHES QUI RYTHMENT NOTRE QUOTIDIEN, IL NOUS FAUT :

- ★ Assurer au boulot,
- ★ Faire le cuisto,
- ★ Organiser week-ends et vacances,
- ★ Recevoir ses amis samedis ou dimanches,
- ★ Gérer les marmots,
- ★ Être à l'écoute de ses ados,
- ★ Épauler son chéri,
- ★ Jouer de stratégie,
- ★ Ranger, nettoyer, décorer son foyer,
- ★ Maîtriser son budget,
- ★ Trouver toute l'année des idées de cadeaux,
- ★ Se libérer en cas de gros bobos,
- ★ Gérer factures et courriers,
- ★ S'assurer que les devoirs sont faits… et parfois aider.
- ★ Remplir placards et frigo,
- ★ Organiser anniversaires rigolos,
- ★ Nourrir et s'occuper du chat ou du chien,
- ★ Honorer rendez-vous chez dentiste et médecin…
- ★ Le tout en restant fraîche, zen et branchée,
- ★ Y a pas à dire, nous sommes toutes… des femmes débordées !
- ★ …Plus ou moins organisées !

Face à cette liste à rallonge de tâches quotidiennes (plus ou moins partagées !), j'ai créé en 2010 le site *Femmes Débordées*. Son objectif : épauler les femmes qui doivent gérer leur organisation au quotidien et jongler entre travail, enfants, maison, et tout le reste !

On y trouve des conseils, des astuces, des bons plans, des *to-do lists*, des outils pratiques pour bien s'organiser et simplifier son quotidien ! Un site qui permet d'alléger la charge mentale qui accapare notre esprit sans répit.

Mais je tenais aussi à ce que le site *Femmes Débordées* soit un site qui nous fasse déculpabiliser de ne pas toujours assurer, un site d'entraide, où l'on se dit « Quel bonheur… Je me sens moins seule tout à coup ! » Un site pratique, au ton léger de bonne copine ! Au fil des années, le site a grossi, tout comme sa communauté.

Aujourd'hui, fort de son succès sur le net, le site *Femmes Débordées* se décline en livre pratique et illustré. Un livre clair, didactique et plein d'humour, qui va vraiment vous simplifier la vie au quotidien ! Un livre qui va aussi vous faire déculpabiliser et vous inciter à profiter davantage des petits bonheurs du quotidien ! *Enjoy* les filles !

Céline Copier

LA REINE DE L'ORGANISATION C'EST MOI

— ★ OU ★ —

Se simplifier le quotidien

1

Ne plus être en retard le matin
C'EST POSSIBLE !

Tous les matins, c'est stress, cris et compagnie. Énervée, vous claquez la porte de votre doux foyer, vous courez presque pour déposer les enfants à l'école et vous arrivez déjà épuisée au bureau !

★ PRÉPAREZ UN MAXIMUM DE CHOSES LA VEILLE AU SOIR !

Vous allez dire que vous êtes crevée par votre journée de boulot, et qu'après avoir vérifié les devoirs des enfants et préparé le dîner, vous n'avez qu'une envie, vous poser !

Tenez bon, ces petites tâches ne vous prendront que quelques minutes, et le lendemain matin, vous en tirerez tous les bénéfices !

Vérifiez que les cartables sont prêts une fois les devoirs terminés, les mots dans les cahiers de correspondance signés et les affaires de sport ou le sac de piscine prêts (pour éviter de les chercher, on remet directement dans le sac le maillot et la serviette dès qu'ils sont lavés).

♛ **Préparez les goûters** et glissez-les dans le cartable.

> **LA COURSE DU MATIN EST-ELLE INÉLUCTABLE ?**
>
> Non ! Mais il faut mettre en place une vraie organisation !

♛ **Voyez avec votre enfant,** le soir, quels vêtements il mettra le lendemain et posez-les sur une chaise dans sa chambre. Au début, c'est vous qui vous y collerez, puis il prendra le relais et vous n'aurez plus qu'à valider.

♛ **Décidez, le soir** de quelle manière vous allez vous habiller le lendemain pour ne pas rester une demi-heure chaque matin devant votre penderie comme une âme en peine !

♛ **Posez au même endroit** (sur la console de l'entrée, par exemple) chaque soir ce dont vous aurez besoin pour partir le lendemain (clés, courrier à expédier, dossiers pour le bureau, chaussures à apporter chez le cordonnier, etc.)

♛ **Prévoyez un endroit** pour ranger en hiver gants, écharpes et bonnets, et en été casquettes et bobs (une boîte dans le placard des manteaux, par exemple). Les enfants sauront où les poser le soir et les reprendre le matin sans les chercher partout.

♛ **Préparez la table du petit déjeuner** ou, mieux encore, confiez cette tâche à votre moitié.

♛ **Impliquez les enfants** : ils peuvent débarrasser leur petit déj' et mettre bols et verres dans le lave-vaisselle, faire leur lit (si vous n'êtes pas tatillonne !), etc.

♛ **Respectez votre rythme biologique !** Couchez-vous quand vous êtes fatiguée, pas la peine de traîner devant la télé… Rien de tel qu'un bon sommeil réparateur pour aborder une nouvelle journée du bon pied ! Si vous avez du mal à vous endormir, pensez aux différentes techniques qui existent pour vous y aider (bain relaxant, tisane, lecture au lit, etc.).

★ **LE MATIN, ADOPTEZ DES HABITUDES POUR NE PLUS PERDRE DE TEMPS !**

♛ **Calculez une fois pour toutes** le temps dont vous avez besoin pour vous préparer. Vous serez toujours en retard si vous vous levez 1 heure avant le départ alors qu'il vous faut déjà trois quarts d'heure pour vous préparer. D'autant qu'il y a tout le reste à gérer après !

♛ **Instaurez un rituel** que vous reproduirez chaque jour dans le temps qui vous est imparti, de façon à ne rien oublier et à ne pas stresser ! Ça fait un peu militaire mais si ça peut vous éviter de mal démarrer la journée…

♛ **Mettez-vous d'accord** avec votre homme sur « qui fait quoi »! Pas de raison que vous soyez seule à tout gérer ! Vous vous occupez des enfants, il débarrasse la table du petit déj'… Vous rangez les chambres et faites les lits, il s'occupe des enfants, il les amène à l'école un jour sur deux, etc.

♛ ***Lavez vos cheveux le soir*** ou prévoyez de vous lever plus tôt le matin.

♛ ***Levez-vous plus tôt*** que tout le monde ! Quel bonheur de commencer la journée dans le calme, d'avoir la salle de bains pour vous toute seule, de prendre tranquillement votre café, de faire vos abdos du matin (si, si !). C'est le réveil en douceur, la demi-heure rien que pour vous. Et si vous vous en sentez le courage, faites quelques tâches ménagères, ce sera toujours ça de gagné sur les corvées du soir ou du week-end !

♛ ***Mettez plusieurs alarmes*** de votre portable comme repères pour les enfants. Première alarme : fin du petit-déj'. La suivante : tout le monde est habillé (ou l'inverse). Troisième alarme : on quitte la maison. Ça motive les enfants et ça peut même devenir un jeu !

♛ ***Habillez et coiffez*** les enfants avant le petit déjeuner, ainsi ils n'auront plus qu'à se brosser les dents, et ce ne sera pas la panique s'ils traînent à table. Et pour éviter les taches de chocolat ou de confiture, pensez à un grand torchon autour du cou en guise de serviette !

★ **PROFITEZ D'UN RETOUR DE VACANCES, PAR EXEMPLE, POUR METTRE EN PLACE CE NOUVEAU RYTHME.**

Et surtout, ***dites-vous bien que vous n'êtes pas Wonder Woman*** et que vous ne pouvez pas tout assumer seule. Alors partagez les tâches avec **TOUS** les membres de la famille et responsabilisez vos enfants !

Et si, arrivé à l'école, votre trésor de 9 ans se rend compte qu'il a oublié son sac de sport, c'est tant pis pour lui, il n'avait qu'à y penser ! La prochaine fois, il ne l'oubliera pas.

— Les Astuces —
DE LA COMMUNAUTÉ
Femmes Débordées

.... *Élodie* ....

Pour que l'on soit moins pressés ou stressés le matin, dans l'armoire de mon fils sont rangés sur un même cintre pantalon et tee-shirt (voire pull). Il n'a plus qu'à prendre le cintre tout seul et tout est dessus... Ça rend l'enfant autonome et nous moins speed le matin.

.... *Marguerite* ....

Pour les enfants qui prennent trop de temps pour petit-déjeuner, on peut mettre un minuteur à côté d'eux ; il leur indiquera qu'ils doivent avoir fini quand la sonnerie retentira. Ça marche super bien, surtout pour les petits qui ne se rendent pas compte du temps, ça les motive et on n'a plus besoin d'être sur leur dos pour leur dire sans cesse de se dépêcher !

2

Ne plus être débordée le soir, C'EST AUSSI POSSIBLE !

Le soir, si vous rentrez au pas de course pour aller chercher les enfants au centre de loisirs, à l'étude ou à la crèche, ou parce que la nounou vous attend, ou encore parce que les enfants (plus grands) vous attendent seuls à la maison, vous ne savez que trop bien ce que signifie « entamer sa deuxième journée » !

★ **UNE PETITE HALTE À LA SALLE DE BAINS ET VOUS VOILÀ PASSANT DE FEMME ACTIVE À MÈRE DÉVOUÉE :**

- ★ vérification des devoirs
- ★ interrogation relative aux leçons
- ★ préparation du repas des enfants
- ★ bain
- ★ repas
- ★ mise au point, sur l'agenda, du lendemain
- ★ coup d'œil sur le courrier
- ★ préparation du dîner

- ★ tentative de coucher
- ★ arrivée de l'homme épuisé
- ★ nouvelle tentative de coucher
- ★ histoire du soir
- ★ troisième tentative de coucher

Il s'est à peine passé deux heures depuis votre retour à la maison, vous avez pourtant l'impression d'avoir vécu une deuxième journée !
Alors, vu le nombre de tâches à exécuter dans un temps imparti si court, cap' ou pas cap' d'alléger le planning ?

★ QUELQUES SUGGESTIONS... MAIS PAS VRAIMENT LA SOLUTION !

QUOI ?	OBJECTIF	COMMENT FAIRE ?
REPAS	Y passer le minimum de temps tout en concoctant un repas équilibré et diversifié	Consultez nos idées de recettes express p. 154-165. Quand vous cuisinez, prévoyez pour plusieurs repas et congelez.
DEVOIRS	Ne pas y passer la soirée, ne pas s'énerver	Faites-les s'avancer le week-end et le mercredi. Partagez cette tâche avec Loulou. Inscrivez-les à l'étude. Si rien de tout cela n'est possible, instaurez un rituel le soir : ils se mettent à leurs devoirs après un moment de détente (à 17 h 30, par exemple) et, dès votre arrivée, vous vérifiez les leçons et revenez sur ce qu'ils n'ont pas compris ou n'ont pu faire seuls.
TOILETTE	Ne pas en faire une bataille tous les soirs	Si ce n'est pas la grosse chaleur, pas besoin d'imposer un bain par jour : un tous les deux jours vous permettra de souffler et les enfants ne pourront plus râler, parce qu'ils auront le jour « toilette de chat » et le jour « bain ».
HEURE DU COUCHER	La maîtriser	Commencez à annoncer qu'il reste 30 minutes avant d'aller au lit de façon à ce que ce soit progressif ; ils se feront à l'idée qu'il est bientôt l'heure. Puis annoncez qu'il reste un quart d'heure. Cinq minutes avant, brossage de dents. À l'heure H, ils sont au lit.
HISTOIRE DU SOIR	Ne pas la faire s'éterniser	On ne joue pas les prolongations : pour que les choses soient claires, définissez avant de commencer soit le temps qu'ils ont pour lire (à 21 heures, tu éteins), soit le nombre d'histoires (ou de livres) que vous allez leur lire. S'ils vous en demandent une autre alors que ce n'est pas prévu, rappelez-leur le deal...
LOGISTIQUE DE LA MAISON	Ne pas se transformer en fée du logis chaque soir	Machine à lancer et linge à étendre, repassage... Vous ne voulez pas entendre parler de corvées quotidiennes le soir ? Alors zappez-les, réveillez-vous un peu plus tôt et faites chaque matin une petite corvée.
COURRIER ET FACTURES	Ne pas accumuler le retard	Traitez votre courrier et vos factures immédiatement ! Ça ne prend que quelques minutes et ça vous épargne des heures d'administratif le week-end.
TOUT	Ne plus être la seule à tout faire	Déléguez ! D'abord à Loulou, il n'y a aucune raison pour qu'il ne fasse rien ou si peu ! Je fais le repas, tu débarrasses... Ensuite aux enfants : vous n'êtes pas à leur disposition, alors expliquez-leur que vous avez droit à votre soirée vous aussi ! Et dites-vous bien qu'ils apprennent très vite !

2

Les Astuces
DE LA COMMUNAUTÉ
~ Femmes Débordées ~

Magali

Pour le ménage, j'ai un petit tableau qui dit quel jour on fait quoi : un petit peu tous les jours, c'est pas mal.

Pour le linge : machine à laver la nuit (heures creuses), sèche-linge le midi, pliage le soir, pas de repassage, on gagne beaucoup de temps !

Les appareils avec possibilité de programmation sont bien pratiques. Maintenant ils en sont presque tous équipés, même le lave-vaisselle.

Les repas : je fais des menus pour 15 jours et mes courses avec le drive. On gagne du temps et de l'argent, car on ne prend pas d'extras qui alourdissent vite la facture.

Pour la cuisine, un cuit-vapeur : on met les légumes et même certaines viandes et poissons, on tourne le bouton et ça cuit tout seul à n'importe quelle heure. On en profite pour faire faire les devoirs aux enfants ou leur donner le bain.

★ NOTRE TRUC À NOUS

Prendre chaque soir du temps pour soi !

Vous pouvez (devez) l'imposer en expliquant aux enfants que chaque soir maman a droit à son temps de détente. Vous pouvez mettre un minuteur pour qu'ils prennent conscience du temps imparti.

Décidez d'une soirée rien que pour vous en prenant une baby-sitter ou en envoyant les enfants chez les grands-parents pour faire du sport, sortir en amoureux, aller au ciné ou tout simplement souffler tranquillement à la maison !

Surtout, ne vous collez pas devant la télé s'il n'y a rien d'intéressant ! Profitez vraiment de votre soirée. Et si vous êtes crevée, rien de tel que d'aller au lit tôt avec un bon bouquin !

15 idées
POUR GAGNER DU TEMPS

Gagner du temps sur les contraintes du quotidien pour vous octroyer plus de moments de plaisir, en voilà une bonne idée ! Tel est le challenge que vous allez relever. Voici nos 15 idées pour mieux vous organiser et libérer du temps afin d'en profiter !

1. Suivez les listes de Femmes Débordées

Retrouvez les *to-do lists* mensuelles des incontournables missions récurrentes, qui vous permettent déjà d'y voir plus clair.

Consultez aussi :

★ la liste ménage magique p. 176

★ la liste des courses p. 178

➡ Il n'y a plus qu'à les suivre !

2. Faites vos courses en ligne

Faire ses courses en ligne, c'est y passer 10 minutes au lieu de deux bonnes heures (trajet compris) pour des courses au supermarché !

3. Consultez régulièrement les recettes express de Femmes Débordées

La communauté Femmes Débordées a bien compris qu'ensemble, on y arriverait !
Et à la question fatidique « Qu'est-ce que je vais faire à manger ce soir », on a plein de recettes faciles et express à vous donner, que vous retrouverez à la fin du livre.

4. Responsabilisez les enfants et faites-les participer à la vie de la maison

Que peut-on leur demander selon leur âge ? Comment organiser leurs tâches domestiques ?

➡ On vous dit tout p. 102.

5. Équipez-vous correctement en cuisine

Certains appareils électroménagers sont vraiment utiles et font gagner du temps en cuisine !

Par exemple :

★ La bouilloire qui vous sert à faire chauffer l'eau de votre thé vous permettra de faire bouillir l'eau des pâtes beaucoup plus vite qu'en utilisant la casserole. Il ne vous restera qu'à verser l'eau bouillante dans la casserole déjà mise sur le feu plutôt que d'attendre l'ébullition.

★ Le blender chauffant vous prépare des soupes tout seul !

★ Le multicuiseur permet de faire des plats variés sans s'en préoccuper.

6. Confectionnez-vous le Lutin malin ou l'organiseur de la famille

Le Lutin malin, ou organiseur familial, est un classeur ou un lutin (d'où son nom !) dans lequel on glisse toutes les informations utiles de la famille : la liste des numéros de téléphone des camarades de classe des enfants, les numéros utiles, les emplois du temps de la famille, les adresses et plans des activités, les photocopies des pages vaccins des carnets de santé, de l'attestation d'assurance, des photos d'identité, etc.

Découvrez le contenu détaillé du Lutin malin en p.184.

L'IDÉE DU LUTIN MALIN

avoir sous la main toutes les informations importantes lorsque la baby-sitter ou les grands-parents arrivent pour garder les enfants une soirée ou deux jours ! Éviter ainsi de passer une heure à tout expliquer pour qu'ensuite ils vous appellent, paniqués parce qu'ils ne retrouvent plus le téléphone du pédiatre alors que l'un des enfants a 38 °C de fièvre, ou qu'ils se demandent comment aller au tennis du grand...

7. Chaque matin, faites une to-do list

Faites une *to-do list* chaque matin pour vous vider l'esprit et vous permettre de ne rien oublier ! Barrez au fur et à mesure ce qui a été accompli.

Et si vous n'avez pas réussi à tout faire dans la journée, remettez dans la *to-do list* du lendemain ce que vous avez à faire !

Dit comme ça, ça peut faire *control freak* mais une *to-do list* est un peu comme une canne sur laquelle s'appuyer !

8. Pensez au shopping en ligne pour les enfants

Une plaie de traîner les enfants dans les boutiques, d'autant qu'une fois sur deux, ils ne voudront pas essayer ce que vous aurez trouvé !

Alors passez au shopping en ligne. Vous pouvez même leur montrer ce que vous comptez leur acheter !

Et pensez aux sites de vêtements d'occasion qui regorgent de vêtements sympas à tout petits prix !

9. Prenez les rendez-vous médicaux à la suite

Si vous vous amusiez à compter le nombre d'heures passées en une année chez le médecin, le pédiatre, le dentiste, l'orthodontiste, l'ORL, le podologue, etc., vous seriez surprise par le total !

Alors, dès que possible, collez les rendez-vous à la suite !
ET HOP, le vaccin pour l'un et l'attestation médicale pour l'autre ! **ET HOP**, le bilan dentaire des kids et votre détartrage ! **ET HOP**, l'ophtalmo pour toute la famille !

10. Gérez le linge d'une main de fer

Chaque soir, toute la famille met son linge sale dans la corbeille et, dès qu'il y a de quoi faire une petite machine, vous la lancez à 40 °C max, lavage quotidien ! Si vous la lancez la nuit, vous vous levez le lendemain 10 minutes plus tôt pour l'étendre. Si vous la lancez en journée, vous l'étendez en rentrant du boulot. Cela vous évite d'avoir trois machines énormes à lancer le week-end ! Dix minutes 1 jour sur 2, vous ne les verrez pas passer !

11. Organisez votre sac à main

Si c'est le bazar dans votre sac à main, c'est uniquement parce qu'il y a beaucoup de trucs indispensables mal rangés ! Alors organisez-le pour éviter de passer 10 minutes à chercher les clés ou de rater un appel parce que le portable est quelque part au fond de votre sac !

LA SOLUTION

optez pour des pochettes ! Une grande pochette pour les indispensables, une autre pour les produits de beauté, encore une pour les papiers. Et tout est rangé !

12. Organisez-vous entre parents pour les trajets des activités

Danse le mercredi à 15 heures puis dessin à 18 heures pour l'une, foot le mardi soir à 18 h 30 et natation le vendredi à 19 heures pour l'autre, sans parler des matchs un dimanche sur quatre... Ça en fait des allers-retours !

.... STOP ! ....

Il y a bien une copine pour l'une et un copain pour l'autre qui habitent dans le même coin et qui va également à la danse ou au foot, non ? Alors organisez-vous. Une maman fait l'aller et l'autre le retour !

Et s'il n'y a pas de copains, mettez une petite annonce dans les vestiaires. Avec un peu de chance, un parent sera ravi de se décharger d'un trajet et même s'il faut faire un petit détour, ça vaut le coup !

13. Anticipez les cadeaux des anniversaires des copains

Plutôt que de vous déplacer spécialement pour aller chercher le cadeau d'anniversaire du copain dont c'est l'anniversaire dans trois jours, et ce, quinze fois dans l'année, anticipez !

Et d'une vous gagnez du temps, et de deux, vous économisez de l'argent !
La technique : confectionnez un stock de super cadeaux à prix canon et piochez dedans le moment voulu !

★ Commandez du stock d'avance sur les sites de ventes privées sur Internet. Ils proposent régulièrement des déstockages : jeux créatifs, jolis accessoires pour l'école, jouets, etc.

★ Durant les soldes, notamment en janvier, achetez à -30 % voire -50 % les jouets qui feront sauter de joie les copains ! Et planquez tous ces cadeaux !

14. Classez votre boîte mail en dossiers

Sur votre boîte mail perso, vous avez 1 253 e-mails non classés !
En vrac, les e-mails des prochaines vacances, les messages du collège, ceux des commandes passées, etc.

Prenez votre courage à deux mains et organisez votre boîte mail pour enfin trouver rapidement ce que vous cherchez !

En créant des répertoires, vous savez tout de suite où classer vos e-mails et de quelle manière les retrouver.

15. Désencombrez-vous du superflu

On ne vous le dira jamais assez : plus vous vous désencombrez et plus vous gagnez du temps ! Alors, un week-end, on programme un grand rangement par le vide !

Et vous verrez que c'est plus rapide de faire le ménage dans une maison qui ne croule plus sous les bibelots, les magazines, les bouquins, la vaisselle, les jouets, etc.
Et c'est plus rapide de ranger les vêtements si les armoires ne sont pas aussi pleines à craquer !

VOUS VERREZ, EN PLUS, ON SE SENT TELLEMENT MIEUX DANS UN SWEET HOME DEVENU ZEN !

Je reste zen
EN TOUTES CIRCONSTANCES

Plus facile à dire qu'à faire !
Surtout après une journée de boulot prise de tête, ou quand
votre ado vous rapporte un 5 en maths, ou encore quand
le petit dernier a décidé de ne pas se laver !

♛ *Les matins de la semaine, tu organiseras...*

Et pour cela référez-vous au chapitre 1.

♛ *Un peu plus tôt tu te lèveras...*

On vous l'a déjà dit mais on insiste ! Alors certes, si vous vous levez déjà aux aurores, oubliez la consigne... Mais si vous avez l'habitude de vous lever entre 7 heures et 7 h 30, vous pouvez essayer de décaler d'un quart d'heure votre réveil pour vous lever avant tout le monde et profiter d'un réveil en douceur.

♛ *De ton trajet pour aller au boulot tu profiteras...*

Plus facile à dire qu'à faire quand on est coincée comme une sardine dans les transports en commun ou bloquée dans les embouteillages !

Dans les transports en commun, emportez de quoi vous détendre : un roman, un magazine, des écouteurs pour écouter votre playlist préférée... Tout ceci fera de votre trajet un moment agréable !

En voiture, instaurez un « radio trafic » avec vos copines, bon moyen de rester en contact et de prendre de leurs nouvelles !

• 25 •

♛ Du café et autres substances excitantes tu n'abuseras pas !

No comment ! Vous évitez les 6 cafés par jour et vous les remplacez par du thé vert et de l'eau ! Et sinon, le jus de goyave, vous avez testé ? Un fruit excellent pour la santé, plein d'antioxydants !

♛ D'une vraie pause-déjeuner, tu profiteras !

Même si vous n'avez qu'une petite heure à l'heure du déj', prenez votre pause ailleurs qu'à votre bureau, sauf cas exceptionnel, et profitez-en pour vous détendre ou, de temps en temps, pour régler vos petites affaires ce qui, du coup, vous permet d'être plus cool le soir ou le week-end.

♛ Au boulot, tout comme à la maison, déléguer tu sauras !

Avouez, vous vous dites : « Il ne fera pas comme je veux » ou encore « C'est plus rapide si je le fais moi. » Du coup, vous faites au lieu de déléguer !
Et si vous étiez un peu plus indulgente avec la façon de faire des autres pour profiter d'un peu plus de temps pour vous ? À méditer…

♛ *Les devoirs des enfants autrement tu géreras !*

Les devoirs des enfants peuvent engendrer beaucoup de stress…
On vous dit comment changer ça p. 102.

♛ *Cool avec les autres tu seras !*

La conductrice derrière vous vous fait une queue de poisson…
La cliente devant vous au supermarché range sa tonne de course dans ses sacs à deux à l'heure… Un goujat dans le bus vous écrabouille les pieds…

Il y a une multitude de raisons pour être désagréable au quotidien ! Et si vous laissiez couler ?

Au contraire, prenez le contre-pied : chaque jour, ayez un sourire ou un mot gentil pour un inconnu… Vous verrez, ça change la vie !

♛ *Cool avec toi-même aussi tu seras !*

Pour être zen, il faut se sentir détendue… Pour être détendue, il faut s'accorder des moments de détente, de plaisir, avec ou sans les siens, selon ses propres envies : une virée shopping, un cours de yoga toutes les semaines, deux heures chaque week-end pour bouquiner…

Cette pause est salvatrice, ce rendez-vous avec vous-même est indispensable pour votre équilibre, et votre conjoint ainsi que vos enfants doivent en être conscients ! D'ailleurs, c'est simple, ils remarqueront facilement que vous êtes bien plus zen depuis que vous vous accordez ces pauses !

5

Petits plaisirs
AU QUOTIDIEN

Vous êtes en train de devenir la reine de l'organisation, de l'anticipation et de la gestion du quotidien ! Vous passez progressivement du stade de « femme débordée » à celui de « femme organisée »... Mais attention hors de question de vous départir de votre fantaisie !

Vous pouvez ne plus être en retard le matin sans pour autant transformer votre maisonnée en succursale de l'armée ! Si, si, on vous le jure !

On ne veut pas, à travers nos conseils et astuces, vous transformer en « contrôleuse de gestion du quotidien », que ce soit clair !

La preuve, une petite liste (oups, encore une !) de trucs qu'on adore faire et qu'on vous suggère ici pour illuminer le quotidien, amuser vos chérubins, rompre la routine...

Gardez dans un coin de votre tête les mots d'Horace, Carpe Diem (« Cueille le jour »), parce qu'on ne sait jamais de quoi demain sera fait !

★ NOS 10 PETITS PLAISIRS AU QUOTIDIEN

1. *Faire un plateau télé* et télécharger un film pour toute la famille le vendredi ou le samedi soir.

2. *Transformer le moment bain en spa :* tandis que les enfants jouent dans l'eau, en profiter pour se faire une beauté : manucure, masque, gommage... tout en discutant avec eux. On en ressort tous détendus et on leur dévoile nos secrets de beauté.

3. *Faire sécher la cantine* à tour de rôle aux enfants et les emmener en tête à tête au resto (même si c'est pour aller au McDo) au moins une fois par an.

4. *Partir en virée shopping « filles »* avec passage dans les magasins préférés de chacune et petit budget accordé à toutes !

5. *En profiter pour déguster un gâteau,* une viennoiserie ou une glace dans un salon de thé ou sur un banc, dans un square, s'il fait beau.

6. *Faire une virée au kiosque à journaux* du coin et revenir avec des magazines pour tout le monde et pour toute la soirée.

7. *Proposer aux enfants de nous aider à cuisiner* comme si c'était un jeu : éplucher les carottes, peler les courgettes, casser les œufs. Ils adorent et ça nous déleste.

8. *Décompresser en famille* : après une journée de cours ou de boulot, on met la musique et on danse, ou on se lance dans une partie de Wii...

9. *Partager leurs petits secrets* : installés sur le lit, on raconte les moments forts de sa journée et on écoute les leurs.

10. *Les laisser avec leur père* un après-midi, une soirée ou une journée : ils s'occuperont différemment et nous, on en profite pour faire ce qu'on aime ! On revient détendue, heureuse de les revoir, et tout paraît alors beaucoup plus léger ! Même le foutoir laissé après leur après-midi « construction d'avions » !

★ **20 TRUCS COOL ET SOUVENT GRATUITS À FAIRE LE WEEK-END !**

1. *Invitez vos copines* à prendre un thé (un apéro, ou un goûter) pour vous raconter les histoires de la semaine.

2. *Faites de la pâtisserie* avec les enfants, ou toute seule pour faire une belle surprise au goûter !

3. *Attaquez-vous à votre dressing*, virez tout ce que vous ne mettez plus depuis des lustres, retrouvez des fringues oubliées et prenez en photos des looks pour la semaine (attention, procédez par étapes, un après-midi ne suffira sûrement pas !).

4. *Rangez vos photos* sur votre ordinateur et réalisez le livre photo de l'été ou de l'année.

5. *Faites une visite spéciale* – musée, expo, jardin, monument, cueillette à la ferme, virée sur un plan d'eau, brocante ou puces –, et prenez un max de photos insolites, jolies, marrantes !

6. *Lisez un bon bouquin* dans un chouette endroit : votre canapé, un banc au soleil, un café cosy, un square avec les enfants qui jouent, etc.

7. *Lancez-vous dans des ateliers créatifs* qui vont faire plaisir aux enfants et créez de jolis souvenirs (atelier pâte Fimo®, décoration de gâteau, peinture, jardinage, etc.).

8. *Faites une super playlist*, mettez-la à fond et dansez avec les enfants.

9. *Faites chaque week-end un petit film* d'un moment en famille, avec les enfants, puis réalisez un montage pour un film de l'année. Profitez-en pour écrire dans un joli carnet leurs bons mots pour ne pas les oublier !

10. Faites une activité avec votre amoureux : du sport ou une balade, du bricolage ou du jardinage, ou rien du tout, mais ensemble !

11. Revoyez la déco de votre maison : virez les bibelots qui ne vous plaisent plus, changez les meubles de place, repeignez vos meubles pour un vrai coup de jeune, commandez des nouvelles affiches ou faites développer les jolies photos des enfants pour les faire encadrer.

12. Faites un sport qui vous amuse ou vous détend : Zumba®, roller, yoga, barre au sol, marche nordique, escalade, badminton, etc.

13. Rangez votre salle de bains : jetez les vernis foutus, le vieux maquillage, nettoyez les boîtes, organisez la pièce pour une ambiance zen.

14. Faites-vous une beauté en prenant votre temps : gommage, masque, manucure, pédicure, etc.

15. Passez une journée en mode cocooning ou, plutôt, adoptez la *hygge* attitude de nos amis danois ! Pour cela, habillez-vous avec un jogging tout doux et restez chez vous ! Profitez-en pour rattraper votre retard de lecture de magazines ou de romans. Dites aux enfants qu'ils peuvent choisir le film ou le dessin animé qui leur plaît et vous vous calez tous ensemble dans le canapé. Profitez-en même pour faire la sieste… et pour déguster ensuite un goûter régressif à souhait : des crêpes, des gaufres ou du pain perdu !

16. *Vendez les fringues* que vous ne mettez plus dans une brocante, sur eBay, Le Bon Coin ou un site de vide-dressing, et faites du shopping avec l'argent gagné ! Hé ! hé !

17. *Organisez un brunch* ou un pique-nique avec des amis. Le brunch est un mix entre le petit déjeuner (*breakfast*) et le déjeuner (*lunch*), pris en fin de matinée, avec souvent des œufs brouillés, de la charcuterie ou du saumon fumé, du fromage, des toasts ou du pain frais, des viennoiseries, des fruits, des jus et des boissons chaudes. Les enfants adorent et c'est hyper facile à préparer ! Et pour faire encore plus simple, demandez à chacun d'apporter un truc !

18. *Allez dans un parc d'attractions*. C'est le dimanche de rêve des kids ! Peut-être pas le vôtre (ou peut-être que si !). En tout cas, pour eux, un dimanche à Disneyland Paris, au Parc Astérix, au Futuroscope, voire à la fête foraine, c'est le paradis ! Et quoi de plus merveilleux que de voir des étoiles dans les yeux de vos enfants ?

19. *Découvrez un nouvel endroit* : dans votre coin ou un peu plus loin, il y a forcément des trucs très chouettes à découvrir ! Vous avez entendu parler d'un endroit sympa mais vous avez toujours eu la flemme d'y aller ! Dommage, non ? Alors, certains dimanches, partez à la découverte de votre région ! Le petit village oublié, le château du Moyen Âge, la grotte préhistorique, etc.

20. *Partez en week-end*. Il suffit de s'organiser un peu et d'anticiper ! En réservant six mois à l'avance, les capitales européennes sont accessibles à petits prix ! L'idéal ? Un week-end avec les enfants et un autre en amoureux ! Venise, Lisbonne, Florence, Amsterdam, Bruxelles, Stockholm, Londres… Les voyages forment la jeunesse !

LA REINE DE L'ORGANISATION, C'EST MOI, OU «SE SIMPLIFIER LE QUOTIDIEN».

Spécial DÉMÉNAGEMENT

Vous venez de déménager ou allez déménager. Vous avez peur d'oublier des formalités importantes ! Pas de panique, la to-do list « Déménagement » va vous simplifier la vie !

SUJET	ACTION
COPROPRIÉTÉ	Prévenez votre syndic de votre déménagement et demandez-lui de prévoir l'arrêté des comptes à la date de votre départ.
PROPRIÉTAIRE	• Prévenez-le par courrier recommandé avec AR 3 mois avant votre départ (1 mois en cas de mutation ou en zone tendue, en Île-de-France notamment). • Prenez rendez-vous pour l'état des lieux de sortie. • Prévoyez une journée (ou une demi-journée) pour nettoyer votre logement une fois qu'il est vide.
DÉMÉNAGEMENT	• Réservez un utilitaire si vous déménagez par vous-même ; munissez-vous de cartons, ruban adhésif, marqueur, papier bulle, journaux. • Vous avez réussi à réquisitionner des copains qui vont vous aider à déménager : prévenez-les à l'avance et appelez-les la semaine précédant le jour J, puis la veille du jour J, pour être sûre qu'ils seront bien là. OU • Établissez au moins 3 devis et réservez la société de déménageurs. • Demandez à la mairie une place de parking devant votre immeuble ou votre maison (démarche à entreprendre 3 semaines avant le jour J).

COURRIER

Demandez à la Poste de faire suivre votre courrier. Service payant d'une durée de six mois renouvelable. Pour en bénéficier à partir d'une date donnée, vous devez déposer au moins cinq jours ouvrables avant un ordre de réexpédition au bureau de poste de votre ancien domicile. Une pièce d'identité de chaque membre de la famille (sauf mineurs) est nécessaire pour cette démarche.

ÉLECTRICITÉ, GAZ, EAU

Résiliez votre abonnement au lendemain de votre départ. Ouvrez un compte auprès de chaque fournisseur d'énergie. Pour que ce soit plus simple, relevez les compteurs avant d'appeler chaque organisme. Vous pouvez informer EDF en ligne sur mon.service-public.fr

ASSURANCE

- Actualisez ou changez votre contrat d'assurance habitation.
- Informez votre assureur de voiture (si différent de l'habitation) de votre nouvelle adresse.

TÉLÉPHONE, INTERNET, CÂBLE, SATELLITE

Transférez, résiliez ou modifiez votre ligne téléphonique, votre connexion internet, vos abonnements câble ou satellite.

ORGANISMES SOCIAUX : CPAM, CAF, URSSAF, PÔLE EMPLOI, ETC.

Informez-les de votre nouvelle adresse : indispensable pour continuer à bénéficier de vos prestations. Vous pouvez effectuer ces démarches en ligne sur mon.service-public.fr

EMPLOYEUR

Informez votre employeur de votre nouvelle adresse pour recevoir vos bulletins de paie et autres courriers de sa part.

ÉTABLISSEMENT SCOLAIRE DE VOS ENFANTS

Prévenez le directeur de l'école de vos enfants pour une mise à jour si vos enfants ne changent pas d'école. S'ils changent d'établissement, le directeur doit vous remettre un certificat de radiation. Adressez-vous ensuite à la mairie du nouveau domicile pour l'inscription dans le nouvel établissement.

IMPÔTS

Envoyez un courrier au centre des impôts de votre nouveau domicile, sans oublier de prévenir votre ancien centre pour demander le transfert de votre dossier. Vous pouvez effectuer ces démarches en ligne sur mon.service-public.fr

BANQUE	Communiquez votre nouvelle adresse (si possible par courrier recommandé avec AR).
AMIS, RELATIONS	Informez-les que vous avez déménagé en leur envoyant une carte virtuelle.
ABONNEMENT MAGAZINES	Prévenez le service abonnements.
ÉLECTROMÉNAGER	• Commandez vos nouveaux appareils. • Si votre nouveau logement est équipé, vérifiez que votre prédécesseur a laissé les notices.
CONTRATS D'ENTRETIEN	Essayez de récupérer le contrat d'entretien et la date de la dernière révision de la chaudière de votre nouveau logement. Sinon, souscrivez à un contrat et faites une révision.
CARTE D'IDENTITÉ, PASSEPORT, PERMIS DE CONDUIRE	Une fois installée, demandez à la mairie de modifier l'adresse qui figure sur votre carte d'identité ou votre passeport, et à la sous-préfecture de vous établir un nouveau permis de conduire (formalités gratuites et facultatives).
CARTE GRISE DE VOTRE VÉHICULE	Mettez-la à jour à la préfecture dans un délai obligatoire de 1 mois, sous peine d'amende.
CARTE D'ÉLECTEUR	Pour voter dès l'année prochaine dans votre nouvelle commune, inscrivez-vous sur les listes électorales de votre nouvelle mairie le 31 décembre au plus tard.
ANIMAUX	Faites changer les coordonnées de leur puce électronique ou de leur tatouage via le site ICAD.

➡ Téléchargez cette liste au format excel sur le site : https://lc.cx/SzRn

---- *Le conseil de la Rédaction* ----

Si vous déménagez avec l'aide de copains, prévoyez un pique-nique digne de ce nom le jour J. Vous pouvez compter sur vos amis en cette journée galère, alors chouchoutez-les avec une pause-déjeuner qui coupe agréablement la journée. Elle peut être rapide mais raffinée, avec de bons produits, des sandwichs faits avec du pain acheté dans votre boulangerie préférée, des tartelettes en dessert ou des macarons si c'est le péché mignon de votre copain Max ! Bannissez les sandwichs sous vide et les chips 1er prix, ils méritent mieux que ça ! Et n'oubliez pas de les inviter à dîner la semaine suivante pour les remercier de leur aide.

LA REINE DES REPAS, C'EST MOI

—— ★ OU ★ ——

Se simplifier les repas

Se simplifier les courses
UNE BONNE FOIS POUR TOUTES

Tous les samedis, c'est avec désespoir que vous ouvrez un réfrigérateur quasiment vide, signal du départ pour la corvée du supermarché alors que vous auriez tellement aimé lire ce livre qui vous attend sur votre chevet. Et si vous vous simplifiiez les courses une bonne fois pour toutes ?

★ PASSEZ AUX COURSES EN LIGNE

Faire ses courses en ligne, c'est

- ♛ Échapper à la corvée des courses hebdomadaires au supermarché
- ♛ Gagner du temps
- ♛ Faire des économies !

Alors ne tergiversez plus !!!

*Vous n'êtes pas convaincue ?
Voilà nos 7 bonnes raisons pour vous mettre aux courses en ligne !*

1. Vous y passez 10 minutes au lieu de 2 bonnes heures (trajet compris) pour des courses au supermarché !

Certes, la première liste est longue à faire, mais après vous n'avez plus qu'à la reprendre la fois suivante en apportant quelques changements. De toutes les façons, les enfants ne veulent pas autre chose que les yaourts « trucs » et les gâteaux « machins » !

2. Vous passez d'un rayon à l'autre en 3 secondes !

« Zut, j'ai oublié le beurre ! », pestez-vous alors que vous êtes au rayon des boissons… Tout le supermarché à retraverser ! Alors que là, en 3 clics, le beurre est dans le panier !

3. Vous ne vous laissez pas tenter !

Ni par le paquet de nounours à la guimauve que, morte de faim, vous entamerez et qui finira aux trois quarts terminé sur le tapis de la caisse, ni par les nouveaux gâteaux-yaourts-jus de fruits qui appâtent le chaland, installés en tête de gondole avec la formule « 2 achetés, le 3ᵉ gratuit ».

4. Vous êtes hyper opérationnelle !

Les mises en avant et les nouveautés ne vous atteignant pas vraiment derrière votre ordi, vous allez vite et, en plus, vous faites des économies, sans parler du fameux « cinquième rayon », source d'achats imprévus totalement évitée ! Vous verrez, votre ticket sera vraiment plus léger que le ticket de caisse habituel ! À vous demander si vous n'avez pas oublié des trucs ! Eh bien non, ou alors si : l'achat irrationnel que vous regrettiez après !

5. Vous pouvez commander des articles lourds sans craindre pour votre dos

Vu que c'est un gentil livreur qui va porter les sacs, vous pouvez en profiter pour commander 3 packs d'eau, 2 de lait, 7 briques de soupe... La joie d'être livrée ! Tout pareil au drive, le livreur vous dépose les sacs dans le coffre ; il ne vous restera qu'à demander à Loulou de venir vider la voiture !

6. Vous ne faites pas la queue à la caisse du supermarché !

La commande terminée, vous validez, choisissez la date et le créneau horaire de livraison (ou de récupération au drive), payez, et en 3 minutes c'est fini !

7. Vous oubliez caprices, hurlements, roulades par terre, trognons de pain plein de bave en plein milieu du magasin, la honte et les nerfs ! Pendant que vous faites vos courses en ligne, vos garnements jouent tranquillement dans leur chambre.

N'est-ce pas un argument suffisamment convaincant pour passer aux courses en ligne ?

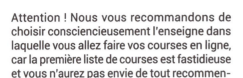

Le conseil des femmes débordées
POUR BIEN CHOISIR SON SUPERMARCHÉ EN LIGNE

Attention ! Nous vous recommandons de choisir consciencieusement l'enseigne dans laquelle vous allez faire vos courses en ligne, car la première liste de courses est fastidieuse et vous n'aurez pas envie de tout recommencer la fois d'après sur un autre site.

1. Prenez les 5 produits incontournables de la famille et vérifiez qu'ils sont référencés sur le site choisi : rien de plus énervant que de constater qu'il manque des incontournables et que vous devrez donc faire des courses d'appoint au supermarché.

2. Comparez les tarifs et les prestations du cybermarché choisi avec un ou deux autres sites afin d'être rassurée sur ses pratiques. C'est facile, des sites le font pour vous !

3. Les courses en ligne sont parfaites pour vous délester de la corvée des courses basiques. Toutefois, nous vous conseillons d'acheter vos fruits, légumes, poisson ou viande au marché : déjà, c'est vous qui les choisissez, et vous pouvez vérifier ce que vous achetez !

SI VRAIMENT VOUS ÊTES UNE ACCRO DES COURSES AU SUPERMARCHÉ, POUR OPTIMISER VOS COURSES :

♛ Faites des menus pour la semaine et la liste qui va avec pour ne plus faire vos courses n'importe comment. Vous éviterez d'acheter sans but précis, ce qui va automatiquement gonfler le montant de votre ticket.

♛ Si vous n'êtes pas du genre à prévoir les menus de la semaine, faites tout de même une liste pour les courses, ça vous évitera d'oublier les œufs si vous comptez faire une quiche. Découvrez notre liste de courses pour ne rien oublier p. 178.

♛ Faites vos courses **SANS ENFANT !** Et si vous ne pouvez pas faire autrement, surtout dites-lui qu'il n'est pas prévu qu'il ait un cadeau. Une fois à l'entrée du magasin, rappelez-le-lui ! Donnez-lui un morceau de pain, ce qui évitera toute crise devant les paquets de gâteaux, et faites-le participer calmement. S'il a l'âge, il peut avoir son petit chariot : il sera fier d'aider sa maman !

- Les Astuces -
DE LA COMMUNAUTÉ
Femmes Débordées

.... Stéph' ....

Pour gagner du temps avec les courses, j'ai installé un tableau magnétique sur le frigo. Nous y notons au fur et à mesure ce dont nous avons besoin.

Ensuite, juste avant les courses, je refais un tour des placards et me connecte sur mon drive. Je fais mes courses tranquillement le soir, tête reposée et ventre plein... On a la possibilité de créer une liste permanente de produits que l'on achète régulièrement. C'est rapide et efficace ; je choisis l'heure à laquelle mon mari ira récupérer les courses. Le week-end, je vais acheter le frais et en une heure c'est réglé. Je gagne en temps mais aussi en argent.

Comment rendre sa cuisine FONCTIONNELLE ?

Vous rêvez d'une cuisine ultra-fonctionnelle ! Un plan de travail sur lequel chaque chose a sa place, des placards organisés, aucun espace perdu, les ustensiles et les aliments à portée de main...

★ LA MÉTHODE, LA VOILÀ !

1. Votre plan de travail toujours nickel

★ Achetez de jolis pots : un pour les ustensiles trop encombrants dans les tiroirs (louche, spatules, couverts à salade, etc.), un pour les éponges, un pour le basilic frais. C'est encore mieux si les pots tiennent sur une petite étagère au-dessus du plan de travail.

★ Pensez aux corbeilles à fruits. On aime la peu encombrante « tour à oranges », qui les stocke en hauteur pour un gain de place maximal.

★ Faites de la place en rangeant l'électroménager qui ne sert pas vraiment : laissez sur le plan de travail la cafetière, la bouilloire, le grille-pain et l'aide culinaire. Rangez le reste si vous ne l'utilisez pas au quotidien !

2. Vos placards organisés

★ Ne mélangez pas les aliments salés et sucrés, faites une étagère de chaque.

★ Au sein des aliments sucrés, faites un coin spécial petit déjeuner.

★ Pour éviter que le garde-manger soit encombré par trop de paquets de biscuits à moitié entamés, videz les paquets en emballages individuels dans une grande boîte dès que vous rentrez des courses. En plus du gain de place, les enfants pourront choisir plus facilement.

★ Pour les pâtes, le riz, le sucre et la farine, dont les paquets peuvent rester ouverts un certain temps, vous pouvez les vider dans des boîtes transparentes hermétiques et pour les aliments en sachets (chips, céréales, biscuits), vous pouvez les refermer avec des pinces pour éviter qu'ils ne prennent l'humidité.

★ Rangez votre vaisselle en mettant à portée de main les assiettes, verres, bols, saladiers, plats que vous utilisez tous les jours. Les autres seront disposés en hauteur.

3. Vos tiroirs rangés

Compartimentez-les grâce à des boîtes de tailles différentes ou à des range-couverts dont vous aurez détourné l'utilisation. Ainsi les pots à épices sont bien calés dans une boîte type boîte à chaussures, en ayant pris soin auparavant de coller une étiquette avec le nom de l'épice sur le couvercle pour pouvoir immédiatement l'identifier. Et pour ce qui est du fameux « tiroir à bazar » (celui qui contient ficelle, allumettes, tire-bouchon, élastiques, cure-dents, etc.), divisez-le en quatre zones grâce à des boîtes et triez-le régulièrement.

4. Le moindre espace de votre cuisine optimisé

La dernière étagère des placards, trop haute pour une utilisation quotidienne, permet de stocker l'électroménager dont vous vous servez occasionnellement ou la vaisselle des grandes occasions. Un petit escabeau rangé pas trop loin (ou sous le lit, si on est dans un appart rikiki) permettra d'y accéder.

5. Vos indispensables livres de cuisine à portée de main

Ne gardez que les livres de cuisine dont vous vous servez. Et si vous êtes du genre à conserver les recettes des magazines, à imprimer des recettes trouvées sur Internet ou à noter sur une feuille volante les bonnes recettes de vos copines, rassemblez-les dans un classeur.

6. Plus de superflu dans vos placards

Il y a encore trop de bazar dans vos placards ! Triez et donnez ou vendez lors de la prochaine brocante ! Est-ce utile d'avoir six saladiers ? Oui, en cas de grosse fiesta, alors rangez-les au garage ou à la cave dans une grande boîte en plastique ! Débarrassez-vous sans regret :

★ Des assiettes et des verres dont il ne reste que deux survivants.

★ De la vaisselle tellement lourde qu'elle reste au fond du placard.

★ Des moules à gâteau rouillés (en plus, c'est mauvais pour la santé).

★ Des ustensiles en double, inutiles ou qui ne fonctionnent plus (ouvre-boîtes, découpe-pizza, etc.).

★ Des vieilles casseroles et poêles conservées en plus des nouvelles.

★ Des bols, mugs, tasses ébréchés.

★ Des vieilles boîtes en plastique façon Tupperware®, qui sont gondolées, jaunies, sans couvercle.

★ Des 15 pots de yaourt en verre ou en terre (si vous vous en servez de photophores à Noël, rangez-les avec les affaires de Noël !).

7. Votre congélateur optimisé

Votre congélateur, c'est souvent votre sauveur, **AVOUEZ !** Il contient ce qui vous permet de préparer un repas équilibré vite fait en rentrant épuisée du boulot, non ? Pour optimiser les capacités de votre précieux allié, trois recommandations principales !

1. Pour congeler correctement les plats que vous avez cuisinés, utilisez un emballage adéquat et hermétique de façon à éviter le dépôt d'une couche de givre sur la surface de l'aliment. Et puis le froid ne retenant pas les odeurs, si votre aliment ou plat est mal emballé, votre congélateur empestera ! Attention aux barquettes récupérées qui, très souvent, ne conviennent pas au congélateur, ni au four micro-ondes ! Optez pour des boîtes en Pyrex® munies de couvercle.

2. Faites des petites portions. Pour les plats cuisinés, pensez à des portions individuelles qui pourront être consommées pour votre pause-déjeuner ou le dîner des enfants, indépendamment de celui des parents.

3. Il ne faut jamais décongeler à température ambiante, c'est la température idéale pour le développement des bactéries. Décongelez vos aliments au réfrigérateur, dans un récipient recouvert d'un film plastique, ou décongelez au micro-ondes en choisissant le mode « décongélation » et, si possible, le programme correspondant à la catégorie de l'aliment.

Les Astuces
DE LA COMMUNAUTÉ
Femmes Débordées

Cyrielle

Mon problème, c'étaient les fameuses boîtes en plastique. J'avais beau avoir un panier pour les mettre, c'était toujours en vrac et je perdais du temps à chercher le bon couvercle pour la bonne boîte. Du coup, j'ai décidé de ne garder que les boîtes qui peuvent se mettre les unes dans les autres et de jeter les autres. Et pour les couvercles, ils sont mis à part dans une grande boîte. De toute façon, j'utilise toujours les mêmes quatre boîtes !

L'astuce de Femmes Débordées

POUR SE SIMPLIFIER LA VIE EN CUISINE
Misez sur des ustensiles et accessoires malins

★ **Les poêles et casseroles à manche amovible.** Vous serez stupéfaite du gain de place dans vos tiroirs. Pas donné, certes, mais il y a souvent des promos et vous les garderez des années !

★ **Les clip-sachets,** pour en finir avec les sachets entamés qui ne sont jamais bien refermés.

★ **Les papillotes,** pour en finir avec le poulet dominical qui laisse le four dans un sale état ! Vous glissez votre poulet dans le sachet, vous le saupoudrez du mélange d'herbes et d'épices inclus, vous fermez, et hop, au four ! Le poulet est savoureux et votre four est impeccable ! Dans tout supermarché au rayon épices.

★ **Les ciseaux multifonctions,** pour venir facilement à bout de la cuisse de poulet coriace et couper la pizza sans effort. Également décapsuleur, ouvre-canette, casse-noix, peleur et tournevis ; bref, le ciseau suisse !

★ **Un pèle-pomme,** pour que toute la famille mange des pommes avec plaisir ! Il épluche la pomme tout en lui enlevant le trognon et en la coupant en lamelle. Enfin des pommes vite épluchées !

★ **Une planche à découper pliable,** pour en finir avec les épluchures qui tombent par terre. La planche se transforme en cuillère pour verser les aliments préparés ou découpés dans la casserole sans en mettre à côté, ou pour jeter les épluchures dans la poubelle et pas autour !

En finir avec l'éternel : Qu'est-ce que je vais bien pouvoir FAIRE À MANGER CE SOIR ?

Tous les soirs, vous menez avec vous-même une véritable séance de brainstorming : « Qu'est-ce que je vais bien pouvoir faire à manger ce soir ? » Il faut que ce soit rapide mais équilibré, limiter les plats préparés, adapter le repas en fonction du menu de la cantine des enfants, etc. Une torture ! Et personne pour vous aider. Si, Femmes Débordées et sa communauté !

⭐ NOS SOLUTIONS POUR DES REPAS VITE FAITS, VARIÉS ET ÉQUILIBRÉS !

1. Préparez le week-end des plats que vous congelez pour la semaine

Et le soir, vous n'avez plus qu'à les réchauffer. La technique : vous doublez les doses des plats que vous cuisinez le week-end, vous mettez la moitié du plat dans une boîte hermétique adaptée et hop, au congélateur !

Et tant que vous êtes en cuisine, lancez aussi des plats faciles pour la semaine comme des soupes, gratins, quiches : coupez des légumes pour votre ratatouille du dimanche et continuez avec ceux pour la soupe du lundi soir, cela ne vous prendra que 5 minutes de plus !

2. Échangez avec vos copines vos menus et vos recettes

Elles ont la même problématique que vous et seront ravies de découvrir que le dimanche midi, vous régalez votre famille avec des pavés de saumon saupoudrés d'épices Mélange Malin Volaille® de Ducros (véridiquement délicieux) et passés au four. Elles vous donneront en retour la recette de leurs lasagnes végétariennes super faciles à préparer !

• 49 •

3. Pensez aux surgelés

Malins, les légumes surgelés : ils sont déjà lavés, coupés et ils ont gardé toutes leurs vitamines. Il ne reste plus qu'à les cuisiner ! En soupe, à la poêle, seuls ou accompagnés, trop facile !

Quant aux plats préparés surgelés, ils ont fait beaucoup de progrès et on trouve maintenant des plats délicieux et équilibrés pour toute la famille !

NOS PLATS SURGELÉS PRÉFÉRÉS : les plats exotiques comme les fajitas mexicaines, les currys indiens, les nems ou les soupes thaïes !

4. Inspirez-vous des menus existants pour les repas de la semaine

On vous propose 4 semaines de menus pour le déjeuner et le dîner p. 166 : des menus simples et faciles à réaliser !

5. Alternez vos plats préparés en avance avec des recettes faciles et rapides

Une salade verte accompagnée d'une omelette est un repas délicieux qui se prépare en quelques minutes ! Et des recettes rapides, il y en a énormément !
Jetez donc un œil aux 50 recettes express de Femmes Débordées à la fin de ce livre !

★ 10 recettes de salades express p. 154 ;

★ 10 recettes de tartes p. 154 ;

★ 10 recettes de soupes maison pour mamans pressées p. 160 ;

★ 10 recettes de plats à fond la caisse p. 162 ;

★ 10 recettes de pasta pour les mamans à court d'idée p. 164.

8 idées de dîners anti-blues
DU DIMANCHE SOIR

Tous les dimanches, c'est la même histoire ! À la tombée de la nuit, vous sentez le stress monter, une mélancolie insidieuse vous envahir : c'est le blues du dimanche soir, vécu, si ça peut vous rassurer, par l'essentiel d'entre nous ! Vous avez à peine vu le week-end passer qu'il faut déjà penser au travail du lundi, aux rapports en retard, au boss de mauvaise humeur, aux clients jamais contents...

★ CONCOCTEZ-VOUS UN DÎNER DONT VOUS AVEZ ENVIE !

♛ **Vous dînez devant la télé avec un petit plateau à partager en duo, une fois les enfants couchés.**

Avouez, vous retrouver tous les deux en amoureux, c'est devenu plutôt rare ! Alors, le dimanche soir, la marmaille dîne tôt, ados compris, et tout le monde file dans sa chambre (dodo tôt pour les petits, lecture pour les plus grands), et interdiction de déranger les parents ! Au programme du plateau télé qui vous plaît : sushis ou plats indiens livrés, gâteau préféré de votre pâtissier, tout est permis !

♛ **Vous choisissez une thématique qui plaira à tous : soirée crêpes, raclette, pizza, tacos ou fondue. Partage et convivialité sont de mise.**

Avez-vous remarqué comme une soirée raclette ou crêpes met tout le monde de bonne humeur ? Alors, si vous décidiez d'en organiser régulièrement les dimanches soir ? Ces idées délicieuses et faciles sont équilibrées si vous y ajoutez un peu de verdure.

♛ *Vous faites la grève en cuisine, ce soir c'est pique-nique !*

Vous mettez sur la table tomates, œufs durs, chips, jambon, pain, beurre, cornichons, saucisson, carottes juste épluchées, fromages et fruits variés, et chacun fait comme il lui plaît avec quand même l'obligation de manger 3 fruits et légumes différents ! Et vous limitez l'air de rien les doses de pain et de chips en donnant leur portion à chacun.

♛ *Vous inversez l'ordre de la journée et servez chocolat chaud et tartines en guise de dîner.*

Régressif à souhait mais tellement bon ! Tout le monde s'installe dans le canapé, sous une couverture, et se fait un énorme petit déjeuner en guise de dîner ! N'oubliez pas les fruits frais mais évitez le jus d'orange pressé, vous risqueriez d'avoir des difficultés pour endormir toute la maisonnée !

♛ *Loulou et les enfants s'y collent, et interdiction formelle d'émettre ensuite la moindre critique.*

Même si Loulou est nul en cuisine, il sait au moins faire cuire des œufs ! Et s'il ne sait pas, il a un cerveau et peut apprendre ! Quant aux enfants, ils adoreront relever ce challenge. En dernier recours, laissez en évidence les numéros de téléphone de 3 ou 4 livreurs de nourriture italienne, indienne, chinoise ou japonaise !

♛ *Vous invitez des amis pour un apéro dînatoire, pour rire toute la soirée et ainsi oublier un peu que demain c'est reparti.*

Le but, c'est de se retrouver entre amis pour passer une bonne soirée et non de servir un dîner façon « petits plats dans les grands ». Trois options :

★ Chacun apporte un plat.

★ Grignotage sur le pouce : baguettes croustillantes accompagnées de tarama, houmous, pâté, rillettes, tomates cerises, fromages, salade verte, etc.

★ Plat unique hyper simple : raclette, braserade, fondue, etc.

♛ **Vous cuisinez un dîner de chef à votre petite tribu façon « soirée gourmande ».**

Si la cuisine est votre passe-temps et vous détend, alors lâchez-vous : inventez, amusez-vous, piochez sur Internet des recettes inédites, craquez pour les livres de cuisine qui vous font envie !

♛ **Sortez ! Ciné, théâtre, resto, tout est bon pour prolonger le week-end jusqu'au dernier moment.**

Il y a celles qui détestent sortir le dimanche soir, car cela signifie qu'elles commenceront la semaine fatiguée, et celles qui désertent la maison et sautent sur n'importe quelle occasion pour prolonger la dernière soirée du week-end ! Si tel est votre cas, trouvez la baby-sitter qui fera passer à vos enfants une soirée aussi bonne que la vôtre (eux aussi peuvent ressentir le blues du dimanche soir et avoir particulièrement besoin d'une présence réconfortante) et laissez-vous aller !

10 conseils pour une alimentation équilibrée qui prend
2 SECONDES EN CUISINE

Cuisiner pour toute la famille est un casse-tête quotidien, alors quand il s'agit en plus d'essayer de faire des repas équilibrés, on passe en mode équilibriste ! Entre les enfants qui détestent les légumes verts, l'ado qui ne jure que par la junk food et Loulou qui veut un repas qui tient au corps et qui se demande pourquoi on a oublié la viande ce soir, on est mal barrée !

1. Proposez des fruits sous toutes les formes à tous les repas

Ils compensent le manque de légumes de certains et sont bons pour tous. Ils concourent à la satisfaction en apportant un goût sucré. Crus, cuits, entiers, écrasés, mixés, etc. Commencez déjà par la banane au petit déjeuner.

2. Glissez dans le sac des enfants des fruits secs pour le goûter

Faciles à transporter et à consommer, ils constituent une source d'énergie, de vitamines, de magnésium.

3. Cuisinez des pizzas maison

Voilà une bonne façon pour que votre tribu se régale de légumes. Vous ne mettez sur la pizza que des ingrédients végétaux (sauce tomate, petits légumes variés) puis vous ajoutez un filet d'huile d'olive et une petite pincée de fromage râpé ou quelques rondelles de mozzarella. Le tour est joué !

4. Pensez aux lentilles corail

Les lentilles corail cuisent en 15 minutes. Concentrant les bienfaits des légumes, les légumes secs apportent beaucoup de protéines, de minéraux et de vitamines. Vous allez être étonnée, les petits en raffolent !

5. Cuisinez des cakes, quiches, flans aux légumes en un temps record !

Vite faits, bien faits, ils plaisent à tous.

6. Pensez aux crudités express

Maïs, tomates cerise, concombres en rondelles ou en lamelles, chou-fleur cru, carottes en bâtonnets, etc.

7. Faites des crêpes nature pour le petit déj' ou le goûter

La crêpe seule est diététique et rapide à faire. Le tout est de savoir si ce sera possible de la consommer nature… Ou alors avec un peu de confiture maison ou une pointe de sucre roux.

8. Adoptez les légumes congelés

Rapides, faciles, variés, les légumes congelés ont également le bénéfice de posséder beaucoup de minéraux et de vitamines. En effet, les vitamines des fruits et légumes frais sont en partie détruites par la lumière, le stockage à l'air libre puis le temps passé dans le réfrigérateur avant consommation, alors que les fruits et légumes congelés sont rapidement traités pour la congélation.

9. Investissez dans un cuit-vapeur

Vous constaterez que les légumes ne sont plus du tout compliqués à cuisiner. Miraculeux !

10. Pensez au quinoa comme alternative aux pâtes !

Facile, rapide, cette céréale sans gluten se mélange très bien avec des légumes.

J'organise
MA PAUSE-DÉJEUNER

La pause-déjeuner (si c'est une vraie pause, pas un petit arrêt de 30 minutes !) peut vous permettre d'alléger vos soirées et vos week-ends.

♛ VOUS POUVEZ ALTERNER, AU COURS DE LA SEMAINE, DIFFÉRENTS TYPES DE PAUSES :

♛ *Les déjeuners détente avec vos collègues*

Repas à la cantine ou dans la cuisine de la boîte, et vous vous réservez tout de même 10 minutes avant l'heure de la reprise pour faire votre administratif perso (courrier, factures).

♛ *Les pauses « virée en ville »*

Avec sandwich en main et courses variées.

♛ *Les pauses « corvées »*

Récupérer les vêtements au pressing, apporter les chaussures chez le cordonnier, aller à la Poste pour envoyer un recommandé, passer à la Sécurité sociale, aux impôts... Attention aux horaires, certains établissements sont fermés à l'heure du déjeuner ! Dans ce cas, décalez un peu votre pause en fonction de ces impératifs.

> PLUTÔT QUE DE PRÉVOIR VOS COURSES DANS DES MAGASINS BONDÉS LE SAMEDI, FILEZ-Y ENTRE MIDI ET DEUX EN SEMAINE !

♛ *Les pauses « santé »*

Prévoyez le rendez-vous chez le gynéco, l'ophtalmo, le dentiste à l'heure du déjeuner, c'est toujours ça de pris sur le soir ou le samedi.

• 57 •

♛ Les « cyber pauses-déjeuner »

Un repas sur le pouce pour vous permettre de vite retourner à votre bureau surfer sur Internet et organiser vos vacances, prendre vos billets de train, faire vos courses alimentaires en ligne, commander le cadeau d'anniversaire de votre petite-nièce... Bref, utilisez Internet comme un fabuleux allié dans la gestion de votre temps à un moment qui n'empiète pas sur vos loisirs.

♛ Les pauses pour prendre soin de vous

Coiffeur, cours de sport (pour les mordues) ou de yoga, pour passer le reste de la journée très zen.

♛ Les déjeuners avec vos amis

Vous en profitez pour voir vos amis qui ne travaillent pas trop loin ou qui sont accessibles rapidement en transport. C'est la garantie d'un pur moment de détente et ça vous permet de rester en contact avec les personnes que vous appréciez mais que vous n'avez pas non plus spécialement envie de recevoir avec leur conjoint(e) !

♛ Les pauses zen qui vous permettent de souffler

Lecture d'un bon bouquin dans un parc au soleil, petite sieste à la maison (ben pourquoi pas ?).

Et si vous rentrez déjeuner à la maison, une fois le repas terminé, accordez-vous un vrai moment de détente ou bien avancez-vous dans la gestion du quotidien... Dix petites minutes pour étendre une machine, trier le courrier et prendre les billets de train des vacances sur le net (pas tout à la fois, évidemment !), c'est déjà ça de pris !

Bien sûr, ce ne sont que des suggestions, et si ce n'est pas votre truc de bouger à l'heure du déjeuner, ne vous forcez surtout pas... et détendez-vous !

3

LA MAISON AU TOP, C'EST LA MIENNE

— ★ OU ★ —

Avoir enfin une maison en ordre

En finir avec le bazar
DANS MA MAISON

Parce que vous êtes noyée par votre quotidien, entre un job prenant et des enfants très vivants. Parce que vous rentrez le soir sans rien avoir envie de faire et, pourtant, commence votre 2ᵉ journée… Parce qu'à part vous, personne ne range… mais en revanche, tout le monde dérange !

♛ Le bazar s'accumule, s'accumule…

Jusqu'au moment où, face à ce désordre monstrueux, vous ne savez plus par où commencer pour tout ranger ! Et vous vous dites que jamais vous n'y arriverez ! Et pourtant, il va bien falloir y remédier parce que vous ne supportez plus cette situation… Alors retroussez vos manches, c'est parti ! Vous verrez, le plus dur, en fait, c'est de se lancer !

LES 3 IMPÉRATIFS POUR RANGER VOTRE MAISON DANS DE BONNES CONDITIONS

1. Donnez-vous un créneau durant lequel vous ne ferez que ça ! Une heure, deux heures ou plus selon votre motivation et disponibilité. Pas grave si vous n'avez pas terminé, vous vous y remettrez lors d'une prochaine séance (à déterminer), mais en revanche, vous finissez la pièce commencée.

2. Faites garder les enfants s'ils sont trop petits pour vous aider. Ils risquent de vous interrompre dans votre mission rangement ! Chez des copains, les parents ou en balade avec papa… Impliquez les plus grands (au moins pour le rangement de leur chambre).

3. Calez-vous avec votre homme parce que ce n'est pas certain qu'il ait la même notion du rangement que vous (pas certain du tout !!!) Pour éviter une scène de ménage inutile, partagez-vous les tâches : tandis que vous rangez, lui, il va faire les courses avec les enfants par exemple !

COMMENT RANGER LE DÉSORDRE DE VOTRE MAISON ?

Commencez par faire le tri en jetant ce dont vous n'avez plus besoin. Vous rangerez ensuite en procédant pièce par pièce.

♛ Désencombrer et vous sentir légère

S'il vous est très difficile de vous débarrasser des objets accumulés au fil du temps, dites-vous que vous vous sentirez réellement allégée une fois ce désencombrement fait ! On ne vous dit pas de jeter ce qui constitue votre nid douillet mais de vous débarrasser de ce qui vous encombre et qui au bout du compte vous complique la vie dans votre maison !

Le ménage sera bien plus facile tout comme le rangement !
Et vous vous sentirez plus sereine et apaisée dans votre intérieur désencombré !

──── *La méthode pour désencombrer votre maison* ────

★ Prenez deux sacs-poubelle solides dont un dédié au recyclage papier et une caisse en plastique (ou en carton).

★ Dans les sacs-poubelle, jetez :
• ce que vous trouvez moche,
• ce qui vous encombre,
• ce qui ne présente plus d'intérêt.

★ Dans la caisse, mettez ce que vous voulez donner ou vendre.

TOUT SIMPLEMENT !

Un salon digne
DE CE NOM

Le salon est la pièce à vivre dans laquelle vous aimez vous poser, recevoir des amis, bouquiner, discuter le soir après votre journée de boulot, prendre l'apéro, regarder la télé... Les enfants l'ont bien compris et c'est aussi souvent là qu'ils jouent, qu'ils dessinent ou qu'ils font leurs devoirs ! Alors comment faire pour avoir un salon rangé, joliment décoré qui vous accueille tel un nid douillet ?

★ D'ABORD COMMENCEZ PAR LE DÉSENCOMBRER

Munie des deux sacs-poubelle et de la caisse pour ce que vous voulez donner ou vendre, traquez ce qui encombre la pièce comme :

★ Les vieux magazines (qui ne seront jamais relus, sauf ceux de déco peut-être)

★ Les livres que vous avez lus et que vous ne lirez plus jamais (sauf s'ils font partie de la déco)

★ Les feuilles usagées, les papiers qui traînent

★ Les objets de déco qui restent là par habitude mais qui sont des ramasse-poussière que vous n'aimez plus

★ Les bougies presque terminées

★ Les fleurs (dé)séchées

★ Les câbles informatiques qui ne fonctionnent plus ou bien ceux qui ne vont plus avec rien

♛ *Ensuite rangez les affaires qui n'ont rien à faire dans le salon*

Prenez autant de sacs ou de paniers que vous avez de pièces, mettez-y les objets des autres pièces qui n'ont rien à faire dans le salon comme, par exemple, les jouets de Junior dans un premier sac, les cahiers, feutres et livres de Poupette dans un deuxième, les chaussettes et chaussures de Loulou dans un troisème... Vous rangerez ensuite leur contenu au bon endroit.

Si les enfants ont l'habitude de faire de votre salon leur aire de jeux, mettez alors dans un coin un joli panier (avec couvercle) qui leur est dédié et dans lequel ils devront impérativement chaque soir mettre leur bazar pour laisser place nette.

Logiquement, votre salon, pièce à vivre de la maison, est déjà plus présentable même s'il reste encore à ranger tout ce que vous voulez garder !

PUIS ORGANISEZ VOTRE BAZAR

♛ Si la petite console est remplie de courriers, papiers, clés, lunettes, stylos, installez un joli **vide-poche et une bannette**, le bazar sera ainsi localisé.

♛ Si vous croulez sous les CD, DVD, jeux vidéo, retirez-les de leur boîtier et rangez-les dans des **classeurs à CD**.

♛ Si vous êtes envahi de magazines que vous ne voulez pas jeter, faites-en une belle pile que vous liez par une sangle et qui servira de table basse d'appoint ou servez-vous-en comme élément de déco en les posant bien alignés les uns sur les autres sur votre commode ou table basse.

♛ Si les livres s'entassent, achetez une bibliothèque pour les ranger. S'il n'y a aucun mur libre pour une bibliothèque ou des étagères, faites une **pile de vos livres du sol au plafond**.

♛ Si toutes les étagères sont occupées par des souvenirs de vacances, cadeaux de fêtes des mères des enfants etc., et que vous ne voulez pas vous en débarrasser, rangez-les dans une **« boîte à souvenirs »** qui prendra moins de place.

♛ Si vous ne savez plus que faire de la vaisselle, qui regorge dans le vaisselier, **débarrassez-vous de ce que vous n'utilisez plus**, comme la série de verres à vin qui est passée au fil des années de 8 à 5, les assiettes ébréchées, les pintes rapportées d'Écosse jamais utilisées...

♛ Si le salon fait office d'atelier pour les activités manuelles, **prévoyez un endroit pour les ranger facilement** après usage, comme une grande boîte, un tiroir de commode, un coffre servant de table basse...

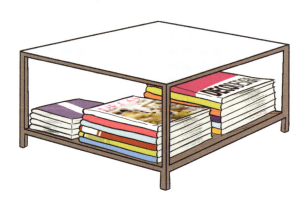

La chambre de mes enfants
AU CARRÉ

Si on peut vous rassurer, le rangement dans la chambre des enfants est le casse-tête de toutes les mamans ! Alors que vous rêvez d'une jolie chambre bien ordonnée, vous arrivez dans un vrai champ de bataille où poser vos pieds nus, c'est courir le risque de la blessure de guerre !

Vous savez bien que les enfants jouent en créant tout un univers imaginaire, et que, pour y parvenir, ils transforment en un rien de temps leur chambre en véritable bazar ! Vous savez aussi qu'il ne faut pas brider leur imagination ! Ouais mais faut quand même pas abuser !!! Bref, on a cherché des idées pour une chambre d'enfant facile à ranger, parce que de toute façon, le bazar, ils le mettront !

1. OPTIMISEZ L'ESPACE

La chambre de vos enfants est toute petite, impossible de faire place nette !

♛ Nos solutions :

★ Si vous disposez d'une bonne hauteur de plafond, investissez dans un **LIT « MEZZANINE »** avec le lit en hauteur et l'espace bureau ou loisir en dessous, les enfants adorent.

★ Utilisez les portes en accrochant des **PORTEMANTEAUX**

★ Glissez sous leur lit **DES GRANDES BOÎTES À ROULETTES**. Ils adoreront aller les chercher en rampant comme un serpent et vous pourrez y ranger plein de trucs !

★ Fixez au-dessus du lit et du bureau des **ÉTAGÈRES** sur lesquelles vous pourrez poser des jouets (assez légers) qui peuvent aussi faire déco.

★ Misez sur les **BOÎTES EN TOUT GENRE** : petites, grosses, à roulettes, compartimentées qui serviront à ranger jouets, livres, peluches, déguisements…

★ Choisissez des meubles hyper fonctionnels : **BIBLIOTHÈQUE À CASIERS** pour ranger petits et gros jouets, bureaux à tiroirs pour leur petit bazar, chevet fermé pour y cacher leurs secrets…

2. CHOISISSEZ DES RANGEMENTS PRATIQUES

★ *Identifiez les rangements* par des étiquettes ou des dessins collés dessus.

★ *Achetez des bacs ou boîtes* de couleurs pour qu'ils sachent où est rangé tel ou tel jouet.

★ *Optez pour des caisses à roulettes* faciles à déplacer…

★ *Bannissez le coffre à jouets* qui certes permet de faire disparaître le bazar en 3 minutes, mais qui s'avère à l'intérieur, une pagaille inouïe dans laquelle les jouets s'abîment.

3. COMPARTIMENTEZ POUR RETROUVER LES JOUETS FACILEMENT

➡ Mettez tous les **PETITS JOUETS DANS DES BOÎTES,** trousses, pochettes petites ou grandes. Chaque jouet ayant sa place bien définie, ils seront plus faciles à ranger. Vous constaterez également que les enfants apprécient ce type de rangement.

♛ *Nos suggestions* :

★ Les cartes Pokemon® dans une trousse : pratique, elles passent d'un lieu à l'autre sans qu'il en sème au passage !

★ Les Playmobil®, Petshops®, Sylvanian®, Lego friends® : une grosse boîte pour les figurines et des plus petites boîtes pour les accessoires.

★ Les Barbie® dans des bacs, tête en l'air, les accessoires dans des petites boîtes.

★ Les Lego® dans des boîtes par collection en gardant bien les notices pour pouvoir reconstruire la station orbitale ou le château sans trop de peine.

4. ORGANISEZ LES VÊTEMENTS DES ENFANTS DE FAÇON LOGIQUE

★ *Rangez leurs vêtements dans une armoire* plutôt que dans une commode car, à encombrement au sol égal, vous y rangerez davantage de vêtements. Par ailleurs, les vêtements dans une commode sont difficiles à ranger pour les enfants (tee-shirt du dessous sélectionné en mettant en boule tous ceux du dessus…).

★ *Optez pour une armoire avec un côté tringle* et un côté étagère.

★ *Organisez les vêtements logiquement :*

- une pile de tee-shirts
- une pile de sweats
- une pile de pantalons

de telle façon à ce que les enfants puissent rapidement trouver leurs vêtements et donc s'habiller seuls.

★ *Vous pouvez aussi leur faire des looks tout prêts* en mettant sur un cintre la tenue complète à porter ! Fini le bazar le matin dans le placard à la recherche du tee-shirt « Superman » au sale !

★ *Isolez les culottes, slips et chaussettes* dans des tiroirs ou des boîtes. Et dès que les vêtement sont devenus trop petits, donnez-les, vendez-les ou rangez-les dans des boîtes pour les frères et sœurs plus petits, mais sortez-les de leurs affaires, rien de plus énervant qu'un caprice de Paul pour porter son tee-shirt Spiderman qui lui arrive au nombril !

5. TRIEZ RÉGULIÈREMENT LES JOUETS POUR GARDER DE LA PLACE DANS LEUR CHAMBRE

Votre enfant grandit et certains jeux ne lui correspondent plus et prennent de la place. Planifiez avec lui un moment où vous allez faire un tri dans sa chambre.

Cela peut également être l'opportunité de changer quelques éléments de sa déco : quelques légères transformations peuvent métamorphoser son univers : un cadre (poster, tableau), des coussins, une nouvelle housse de couette...

Nous vous recommandons de ne pas donner ou jeter ses jouets sans l'accord de votre enfant. Il peut accorder une valeur affective à un jouet cassé ou qui vous semble devenu inutile.

➡ Une fois que votre enfant a fait son tri avec votre aide :

★ *Donnez ou vendez* ceux en bon état.

★ *Jetez les* « épaves » (poupées sans cheveux, jeux de société incomplets...)

★ *Mettez ceux que vous voulez garder* (pour les frères et soeurs plus petits, par exemple) dans une boîte en plastique hermétique à la cave, au grenier ou au garage, bref, là où ils ne vous encombrent pas en attendant de les ressortir plus tard.

6. DÉSENCOMBREZ SOUVENT LA CHAMBRE DES OBJETS INUTILES

★ *Jetez les livres trop déchirés* (réparez les autres !), les feutres séchés, les stylos cassés, les gommes décomposées, la pâte à modeler desséchée, les livres de coloriage et d'activités achevées, les cahiers des années scolaires précédentes (ou bien n'en garder qu'un ou deux chaque année en souvenir !)

★ *Encadrez les plus beaux dessins*, gardez dans une pochette vos préférés et jetez les autres (vous pouvez les prendre en photo en guise de souvenir avant de les jeter.)

★ *Jetez les trucs sans intérêt amassés* au fil des années (cadeaux Mac Do®, jouets Kinder® Surprise, cailloux...)

★ *Rassemblez dans une boîte* les « œuvres d'art » réalisées en classe, à la crèche, au centre aéré.

7. APPRENEZ TRÈS TÔT AUX ENFANTS À RANGER LEUR CHAMBRE AVEC MÉTHODE

★ Ils râleront moins quand vous le leur demanderez.

★ Apprenez-leur à ranger leurs jeux au fur et à mesure. Expliquez-leur qu'une fois le jeu fini, c'est super facile de le ranger en 3 minutes alors que ranger toute la chambre en bazar le soir, c'est long, difficile et ennuyeux !

★ Aidez-les ! Il ne faut pas que ranger soit une corvée telle qu'ils ne veuillent plus sortir certains jouets trop long à ranger après.

- Les Astuces -
DE LA COMMUNAUTÉ
Femmes Débordées

Virginie

J'ai trouvé une astuce pour qu'il n'y ait pas (trop) de bazar dans la chambre de mon fils de 3 ans. Entre les jouets qu'il a récupérés de son grand frère, de ses cousins, ceux qui lui sont offerts toute l'année pendant les bourses aux jouets, et ceux de Noël... la chambre commence vraiment à être trop petite ! Alors j'ai mis en place un système de cartons « tournants"... une semaine je lui laisse le carton rouge, l'autre semaine le bleu, la troisième semaine le vert... et je fais un roulement. Finalement il ne se lasse pas de ses jouets et a toujours l'impression de découvrir de nouveaux jouets à chaque fois que l'on change de carton ! (et c'est plus vite rangé aussi...)

4

10 trucs pour ne plus avoir UN BUREAU EN PAGAILLE

Vous avez beau ranger le bureau de la maison, les papiers reviennent et s'amoncellent inéluctablement… Si vous n'aviez pas arrêté de croire aux contes de fées, vous penseriez qu'une créature maléfique y a jeté un sort… Allez, allez ! Remuez votre nez façon Ma sorcière bien-aimée et le voilà rangé grâce à nos 10 trucs infaillibles !

★ MUNISSEZ-VOUS D'ABORD DE 5 OUTILS MALINS ET BIEN PRATIQUES POUR FAIRE DISPARAÎTRE LE BAZAR :

1. Trois « bannettes » ou « corbeilles » à courrier

★ Une pour le courrier en attente d'être traité

★ Une pour le courrier traité en attente d'être classé

★ Une pour le divers

2. Des jolis pots variés

Choisissez-les assez larges et pas trop hauts.

★ Un pour les crayons et stylos qui ont tendance à traîner partout (un mug peut très bien faire l'affaire)

★ Un assez bas avec un couvercle pour les gommes, trombones, clés USB et autres petits trucs qui traînent

3. Une boîte format A4 (ou deux, ou trois !)

Vous y glissez des enveloppes dans divers formats, et les accessoires du bureau dont vous ne savez que faire et qui ne tiennent pas dans vos jolis pots : clés USB, agrafeuse, chéquier en attente, bordereaux de remise de chèque...

4. Un bloc-cube

Le gros bloc cube avec ses petites feuilles carrées vous permet d'avoir toujours un bout de papier sous la main. Et les feuilles sont bien calées dans leur boîtier.

5. Un parapheur

Oui oui, comme au boulot !
Vous y mettez votre administratif classé grâce à tous ses onglets. Il prend moins de place que des classeurs et se range mieux que des chemises (sauf si vous avez un tiroir avec un système de dossiers suspendus, auquel cas, nous vous tirons notre chapeau !) Et en fin d'année, vous rangez l'année écoulée dans un classeur avec des intercalaires similaires à ceux du parapheur (Téléphonie/Électricité/Gaz/Eau/Loyer/Banque/Médical/Bulletins de salaire/factures...)

Normalement, vous y voyez clair sur votre bureau.

ENSUITE ADOPTEZ NOS 5 RÈGLES POUR QUE VOTRE BUREAU RESTE À PEU PRÈS NICKEL :

1. À réception, **le courrier est immédiatement classé** : au mieux, les factures sont traitées, c'est-à-dire réglées et renvoyées (et d'ailleurs, on vous conseille de passer au règlement par TIP ou prélèvement, c'est plus rapide que faire un chèque !), vous répondez au courrier, sinon, vous mettez le courrier du jour dans la bannette « à traiter » et vous décidez d'un jour de la semaine pour vous en occuper, par exemple, le dimanche après le petit déjeuner !

2. Donnez des **règles précises et strictes aux enfants** : s'ils ont le doit de s'installer à votre bureau (pour jouer sur l'ordinateur, par exemple), ils n'ont pas le droit d'y laisser traîner leur bazar. Donc s'ils font des dessins, ils les rangent ensuite dans leur chambre, s'ils prennent vos stylos, ils les rangent, s'ils débarquent avec leurs affaires de classe, ils les reprennent une fois le travail fini... Enfin, vous voyez le topo !

3. Ne vous servez pas de votre bureau comme d'un « *vide-poche géant* » où tous les soirs, vous déposez pubs, catalogues en tout genre et tous les trucs dont vous ne savez que faire !

4. *Pensez aux meubles d'appoint* qui se calent le long du bureau ou en dessous, parfaits pour contenir ce que vous n'arrivez définitivement pas à ranger. Entre le caisson à tiroirs (et à roulettes) ou de simples boîtes empilées, il y a forcément un modèle qui s'adaptera à votre espace. Et en plus, vous pourrez y poser l'imprimante, libérant ainsi de la place sur le bureau.

5. *Bureau nickel* ne veut pas forcément dire bureau impersonnel ! Un sous-main transparent abrite un pêle-mêle de photos. Un tableau magnétique ou des étagères fixées juste au-dessus du bureau rassemblent souvenirs variés, bouquins utiles ou déco colorée.

SANS OUBLIER LA POUBELLE !

Même si l'appart est petit, une petite poubelle sous le bureau, vous permettra de jeter le courrier sans intérêt, les cochonneries des enfants, les petits papiers gribouillés au lieu de les laisser s'entasser sur le bureau en attendant le jour où vous ferez le tri.

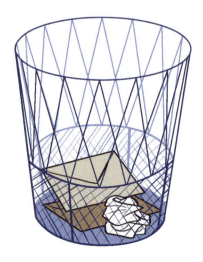

Ma salle de bains ZEN

La salle de bains est une pièce souvent exiguë où l'on passe un certain temps, voire un temps certain ! Petite pièce, certes, mais pourquoi ne mériterait-elle pas qu'on la bichonne ! Espace de plaisir, de détente, et si vous en faisiez aussi un endroit déco et zen ?

1. TOUT SOUS LA MAIN DANS VOTRE SALLE DE BAINS

C'est le bazar ! Le maquillage à droite à gauche, les pots de crème les uns sur les autres, la mousse à raser de Loulou au milieu de vos crèmes pour le visage… Il faut s or-ga-ni-ser !

♛ *La solution : boîtes, pots, paniers et bocaux qui vont faire place nette.*
ET COMPARTIMENTEZ !

★ *Une boîte pour les produits* de votre rituel quotidien : crèmes visage jour et nuit, sérum antirides, crème pour les yeux, démaquillant, eau micellaire, déodorant.

★ *Une boîte pour les rouges à lèvres*, poudres et ombres à paupières. Le top, la boîte compartimentée. Si vous voulez une harmonie dans vos boîtes, achetez différents modèles de boîtes dans la même boutique.

★ *Un pot pour les crayons* lèvres ou yeux, pinceaux et mascaras.

★ *Une boîte pour le soin* du corps et des cheveux.

➡ Petit conseil : les gels douches, lait corporel, shampoings et autres après-shampoing volumineux prennent de la place dans la salle de bains, alors vous pouvez en avoir un d'avance mais ne les stockez pas par trois !

★ **Un pot pour les cotons**, un autre pour les coton-tiges

★ **Une petite boîte** pour les élastiques et barrettes, un pot pour les brosses et peignes

★ **Une ou plusieurs boîtes** pour les soins de Loulou avec mousse à raser, parfum, crème, déodorant…

★ **Sur le plan du lavabo**, un verre avec les brosses à dents et le dentifrice, un autre avec le rasoir de Loulou, un savon liquide et le tour est joué !

★ **Et pour les peignoirs**, fixez des crochets derrière la porte.

2. UNE SALLE DE BAINS BIEN ORGANISÉE

Maintenant que tout a trouvé sa place dans boîtes et pots, encore faut-il bien les ranger ! À chacun son étagère ou son tiroir !

Évitez par exemple de poser la boîte d'élastiques de votre fille à côté de votre maquillage, une petite main pourrait être tentée par votre rouge à lèvres préféré et le transformer en pâté inutilisable…

Si la salle de bains est vraiment minuscule, pensez aux étagères suspendues directement au mur. Elles peuvent être étroites mais pratiques. Pensez aussi au meuble miroir au-dessus du lavabo ou à une petite tour en bois

NOTRE CONSEIL

Prévoyez un espace par membre de la famille.

Si vous avez de la place pour démultiplier les serviettes, instaurez un code couleur pour chaque membre de la famille : chacun sa serviette, chacun son panier de rangement ! Gris pour papa, blanc pour maman, marine pour le fiston et turquoise pour Lola.

3. TOUCHE DÉCO DANS LA SALLE DE BAINS

Voilà comment, avec quelques idées, vous pouvez transformer votre salle de bains vieillissante en un havre de zénitude et de beauté !

★ **Pensez harmonie** : misez sur des serviettes blanches qui se lavent à toute température, des accessoires Inox, bois ou transparents et vous pourrez ainsi régulièrement changer la couleur de votre rideau de douche comme bon vous semble !

★ **Changez le rideau de douche** s'il montre des signes de fatigue : en un clin d'œil votre salle de bains est métamorphosée !

★ **Si les meubles sont ouverts**, cachez la misère avec un joli tissu en guise de rideau.

★ **Épurez** : rien ne sort des boîtes, bocaux, paniers et pots, c'est joli et zen.

★ **Choisissez un joli panier** pour le linge sale.

★ **Si vous avez une grande salle de bains**, mettez un petit banc en bois, bien pratique pour vous vernir les ongles ou discuter avec les enfants au moment du bain. Celui d'Ikea permet même de poser deux grosses boîtes au niveau inférieur.

★ **Ne lésinez pas sur les accessoires des WC** s'ils sont dans la salle de bain (joli porte-balai, changé régulièrement), ni sur ceux de votre lavabo (joli gobelet, repose-savon ou distributeur de savon liquide).

★ **Si vous avez de la place**, personnalisez un mur : photos sous verre, pan de mur de couleur...

★ **Accordez une attention particulière à votre miroir** : il doit être grand et bien éclairé. Si vous pouvez en plus ajouter un miroir de plain-pied (derrière la porte, par exemple) c'est idéal pour vérifier son look avant de sortir !

4. PAS DE SUPERFLU DANS LA SALLE DE BAINS

De l'espace dans la salle de bains, vous n'en avez jamais assez, alors éliminez le superflu :

★ Les produits cosmétiques jamais utilisés comme la crème amincissante achetée il y a quatre ans, le masque trop gras, l'huile pour le corps qui sent mauvais...

★ Le maquillage trop vieux, abîmé, dont les couleurs ne vous plaisent plus

★ Les vernis trop pâteux

★ Les échantillons que vous n'utilisez jamais

★ Les médicaments périmés

★ Les serviettes sans âge, usées

Mes placards OPTIMISÉS

Le rêve: ouvrir un placard où pulls et tee-shirts sont en piles bien ordonnées, les vêtements côté penderie non agglutinés, et les chaussures bien alignées ! En respectant quelques règles basiques, votre dressing rangé et organisé fera envie à toutes vos copines !

1. INTERVERTISSEZ VOTRE GARDE-ROBE SELON LES SAISONS

Pour ne pas avoir une armoire qui croule sous des tas de pulls, tee-shirts, vestes ou robes, divisez votre garde-robe en deux : celle de la saison froide et celle de la saison chaude.

Mettez alors les vêtements de la mauvaise saison tout en haut du placard dans des housses sous vide si c'est possible, sinon glissez les housses sous votre lit ou dans des valises au garage. Ces housses, en plus de réduire le volume de vos vêtements les protègeront des mites et des agressions extérieures. Intervertissez ensuite vos vêtements dès le changement de saison.

♛ *C'est un peu fastidieux mais cette technique va vous permettre :*

1. de **FAIRE LE TRI** deux fois par an dans votre garde-robe (ou pas !)
2. d'avoir enfin **DE LA PLACE** dans votre placard !

2. PROTÉGEZ VOS VÊTEMENTS

♛ *Les vêtements que vous ne portez pas souvent* risquent très vite d'être troués par les mites !

♛ *Protégez alors les vestes,* et manteaux que vous ne porterez plus pendant plusieurs mois dans des **HOUSSES** de rangement en plastique ou en tissu dans lesquelles vous aurez mis de l'antimites.

♛ *Ne lésinez pas sur les antimites* : billes en bois de cèdre, plaquettes ou sachets antimites... Attention : la durée de vie de ces sachets ou billes varie entre 3 et 6 mois, notez dessus la date à laquelle il faudra jeter plaquettes ou sachets !

♛ *Si votre penderie n'est pas fermée,* choisissez des housses non transparentes pour protéger vos vestes et manteaux du soleil qui décolore les vêtements. Trop bête de mettre en l'air votre manteau noir préféré en une saison !

> **– Les Astuces –**
> **DE LA COMMUNAUTÉ**
> *Femmes Débordées*
>
> .... *Catherine* ....
>
> Il faut savoir que les boules ou les plaquettes de cèdre antimites se réactivent éternellement en les frottant avec un papier d'émeri. Comme par magie, le parfum du cèdre réapparaît... et elles redeviennent efficaces !

3. RANGEZ MALIN ET GAGNEZ DE LA PLACE

Si votre placard a la profondeur standard de 60 cm, mettez une première pile de vêtements dans le sens classique, et une autre pile derrière votre première pile mais placée dans le sens de la longueur. Gain de place assuré ! Cela peut être vos vêtements d'hiver en été si vous n'avez pas envie de les déplacer.

4. FAITES DE JOLIES PILES HORIZONTALES OU VERTICALES :

- ★ Tee-shirts manches courtes
- ★ Tee-shirts manches longues
- ★ Pulls de demi-saison
- ★ Pulls chauds
- ★ Gilets
- ★ Pantalons (s'ils ne sont pas sur cintre)
- ★ Tenues de sport
- ★ Shorts
- ★ Tops sans manches
- ★ Chemisiers

• 83 •

5. SI VOS PILES SONT TROP HAUTES (OU TROP LONGUES !), DIVISEZ LOGIQUEMENT

Par exemple, faites des piles en fonction des couleurs, une pile de tee-shirts manches courtes clairs et une autre de foncés ou une pile de tee-shirts unis et une autre de tee-shirts à motifs…

➡ **N'HÉSITEZ PAS À TRIER !** Il y a sûrement des vêtements qui encombrent inutilement vos étagères et commodes !

6. FAITES ATTENTION AU CHOIX DE VOS CINTRES

♛ *Préférez les cintres fins* métalliques pour vos robes à bretelles et vos chemises (gain de place dans la penderie), demandez-les à votre pressing, si vous êtes bonne cliente, ils vous en donneront.

♛ *Optez pour des cintres en bois* pour vos vestes et pantalons qui évitent les marques aux épaules ou les plis aux pantalons.

♛ *Pour les jupes*, n'hésitez pas à prendre un cintre à clip pour deux ou trois jupes, vous gagnerez ainsi de la place.

7. CLASSEZ LES VÊTEMENTS DANS VOTRE PENDERIE PAR CATÉGORIE

D'un côté les robes puis les vestes, les chemises, les jupes et les pantalons. Sous les vêtements courts, placez des étagères ou des boîtes afin d'optimiser l'espace libre restant.

– Les Astuces –
DE LA COMMUNAUTÉ
～ Femmes Débordées ～

.... **Jennifer** ....

Pour gagner du temps quand je range les vêtements propres dans la penderie, j'ai pris l'habitude, quand je prends un vêtement suspendu, d'enlever le cintre et de le pendre côté gauche de la penderie, comme ça, je trouve facilement les cintres disponibles quand je veux pendre un vêtement. Ca m'évite de perdre du temps ou de croire qu'il n'y a plus de cintre libre.

8. RUSEZ POUR RANGER TOUTES VOS CHAUSSURES

♛ **Rangez vos chaussures** dans le bas de votre penderie en fonction des saisons : en été, rangez dans leurs boîtes les chaussures d'hiver et posez sur ces boîtes vos chaussures d'été, et inversement en hiver.

♛ **Gardez les boîtes de vos bottes et en été,** rangez vos bottes avec des embauchoirs ou du papier journal dans leur boîte sous votre lit.

♛ **Si vous avez vraiment trop de paires,** achetez une grande boîte transparente à roulette que vous glisserez sous votre lit et mettez-y les chaussures qui ne sont pas de saison, en ayant bien pensé à les bourrer de papier journal pour qu'elles ne se déforment pas.

> – Les Astuces –
> DE LA COMMUNAUTÉ
> Femmes Débordées
>
> .... Karine ....
>
> Pour faire des embauchoirs à bottes économiques, je me sers de bouteilles d'eau vides en plastique !

9. PENSEZ AUX PETITS MEUBLES MALINS

Si votre placard ne peut contenir toutes vos affaires et que vous n'avez pas la place dans votre chambre d'ajouter un vrai meuble comme une commode, **OPTEZ POUR DES MEUBLES MALINS** qui se calent dans les petits coins comme les coffres ou paniers en osier avec couvercles ou les boîtes à empiler. Vous pourrez y mettre vos foulards, votre lingerie, vos chaussettes et collants, vos maillots de bain ou vos baskets !

10. DÉSENCOMBREZ DEUX FOIS PAR AN VOTRE PENDERIE

Difficile de faire le vide dans votre dressing, vous vous demandez toujours si vous n'allez pas remettre un jour ces sublimes stiletto qui vous font atrocement souffrir si vous les mettez plus de 10 minutes !

Faire un tri régulièrement est salutaire, il vous permettra d'y voir plus clair dans votre garde-robe et de redécouvrir des tenues oubliées.

ÉLIMINEZ SANS TERGIVERSER

♛ Les vêtements qui ne sont plus à votre taille

➡ Peut-être avez-vous l'habitude du yoyo.

➡ Peut-être êtes-vous prête à retrouver votre ligne d'avant bébé. Dans ce cas, faites un tri et demandez-vous quels vêtements qui vous allaient avant vous aimeriez vraiment remettre !

Parce qu'une fois votre taille retrouvée, vous n'aurez qu'une envie : vous glisser dans des vêtements tout neufs !

♛ Les vêtements usés

Même si vous avez payé cette veste un bras, si son col ou ses coudes sont élimés, il faut s'en séparer ! Tout comme cette chemise blanche plus très blanche que vous adorez ! En plus, porter des vêtements plus très « nets » n'est pas bon pour le moral et renvoie une image de soi négligée.

➡ Alors oubliez les pulls mités, t-shirts jaunis, collants aux fils tirés, chaussettes trouées, vestes et manteaux élimés au col et aux coudes, vêtements tachés, chaussures aux talons usés, au cuir fatigué, sacs à main usés, …

♛ Les vêtements d'un autre âge

Ce que vous n'avez pas porté depuis plus de trois ans risque fort de ne jamais être reporté !
Éliminez également tout ce qui vous ajoute dix ans, ce qui donne mauvaise mine, les vêtements trop larges ou trop étriqués, démodés, les mauvaises longueurs…

APRÈS CE NETTOYAGE DE FOND, VOTRE PENDERIE DOIT Y VOIR PLUS CLAIR ET CONTENIR :

★ les vêtements que vous aimez

★ les vêtements qui vous mettent en valeur

★ les vêtements dans lesquels vous vous sentez bien

★ les intemporels de bonne qualité qui correspondent à votre style et se marient facilement avec votre garde-robe.

★ de quoi recomposer de nouvelles silhouettes avec les vêtements délaissés !

LE LINGE DE LIT TOP ORGANISÉ

Qu'il soit dans une armoire dédiée ou pas, le linge de lit mérite lui aussi d'être rangé avec méthode de façon à ne plus sortir un drap-housse 140 quand on cherche le 160 !

♛ *Faites des piles* en glissant les parures dans une de leurs taies d'oreiller, vous aurez ainsi immédiatement sous la main couette, drap-housse et taies.

♛ *Autre méthode* : pliez la couette comme vous avez l'habitude de procéder, glissez dedans le drap-housse et la ou les taie(s) d'oreiller(s), repliez tout et rangez l'ensemble coté fermé vers l'extérieur.

♛ *Pas de place dans l'armoire* : rangez les draps et couette dans de grandes boîtes basses en plastique que vous glisserez sous le lit (on en met des trucs sous le lit !)

♛ *Quand il commence à faire vraiment chaud*, rangez vos couettes et couvertures dans une housse sous vide.

LE PRINCIPE : vous fermez bien hermétiquement la housse grâce à la glissière, et vous aspirez à l'aide de l'embout de votre aspirateur l'air intérieur. Privé d'air, la couette devient très compacte et se glisse dans un petit volume.

PETIT BÉMOL : à la longue, le sac n'est plus totalement hermétique et la couette compressée se regonfle petit à petit. La parade : glissez la housse sous-vide dans un sac en plastique solide que vous fermez en le nouant. L'air entre au fur et à mesure mais sera limité par le volume du sac.

LES MANTEAUX À LEUR PLACE

Si vous n'avez pas la place dans l'entrée pour un placard, les manteaux en hiver s'accumulent sur un porte-manteau ou, mieux et plus pratique, sur des patères fixées au mur de l'entrée comme dans les couloirs de l'école !

Si vous avez une entrée un peu large ou avec un petit renfoncement, optez pour un portant (en bois) qui contiendra de façon ordonnée les manteaux et blousons de toute la maisonnée. Certains ont même une étagère inférieure parfaite pour y poser quelques paires de chaussures.

♛ *Que faire de ses manteaux une fois les beaux jours installés ?*

1. Pour ne pas qu'ils s'abîment, mettez-les dans **DES HOUSSES OPAQUES** (les housses transparentes laissent passer les rayons du soleil qui décolorent les vêtements très vite) avec de l'antimites à l'intérieur.

2. Si vous n'avez pas de place dans vos placards, rangez-les sur un **PORTANT À ROU-LETTES** dans votre garage ou dans votre grenier.

3. Si vous n'avez ni l'un ni l'autre, et que votre appartement est exigu, **PASSEZ AU SYSTÈME D :** par exemple en glissant les housses sous les lits, sous le canapé ou tout en haut de la penderie. Certes, la poussière s'accumulera sur la housse mais, bien protégés, les manteaux n'en souffriront pas et ne **VOUS ENCOMBRERONT PAS !**

ALLÉGER LA CORVÉE MÉNAGE

— ★ ENFIN ★ —

Essayer !

★ LES 5 RAISONS POUR LESQUELLES ÇA VAUT VRAIMENT LE COUP D'OPTER POUR UNE FEMME DE MÉNAGE, MÊME SI ÇA DEMANDE UN SACRIFICE FINANCIER...

1ʳᵉ RAISON : *c'est 75 % d'engueulades en moins avec votre conjoint*

AVOUEZ ! Quand chaque week-end vous passez deux heures (au bas mot) dans votre maison à la ranger, l'astiquer, la dépoussiérer tandis que Loulou est parti faire son sport dominical, vous avez un peu les nerfs quand il rentre, surtout s'il balance ses baskets crottées dans l'entrée qui vient à peine de sécher. Et vous partez au quart de tour...

Avouez aussi que, dans la semaine, après une dure journée de boulot, le ton monte vite quand vous voyez l'état de la cuisine à 20 h 37, et de la salle de bains à 22 h 48 !

Alors que si vous savez que chaque lundi ou vendredi une bonne fée du ménage va passer et qu'elle va, d'un coup de balai magique, transformer votre maison en appartement témoin, vous serez **BEAUCOUP PLUS ZEN** !

Avouez aussi que, bien que vous trouviez normal le partage équitable des tâches domestiques, ce n'est pas encore tout à fait le cas dans votre foyer, ce qui crée quelques tensions avec votre moitié !

2ᵉ RAISON : *c'est du temps gagné pour vous consacrer à vos loisirs*

Vous êtes une femme débordée et les journées sont trop courtes pour venir à bout de tout votre taf ! Vous ne voyez même pas les week-ends passer...

Et vous devez caser votre ménage dans votre emploi du temps surchargé.

C'est ainsi que vos heures de ménage du samedi matin ont pris la place du sport que vous rêvez de reprendre ou des cours de peinture qui vous tentent depuis si longtemps !

Vous vous dites, après tout, pas grave, les calories je les brûle en passant l'aspirateur !

MOUAIS... Le sport, c'est fait aussi pour se relaxer, se vider la tête et l'aspirateur n'a pas ces vertus !

3ᵉ RAISON : *c'est du temps de qualité en plus avec votre famille*

Au lieu de vous énerver chaque samedi sur vos enfants parce que leur chambre est dans un état épouvantable et de leur asséner qu'ils vont « vous tuer à la tâche à mettre au sale un vêtement sous le simple prétexte qu'il a été porté une fois », vous profitez de cette matinée sans contrainte pour faire un truc sympa avec eux, ne serait-ce que les écouter vous raconter leurs histoires !

4ᵉ RAISON : *quel plaisir et soulagement de rentrer dans une maison nickel !*

Le simple fait de rentrer chez vous et de trouver votre maison nickel vaut bien le sacrifice du petit pull sur lequel vous aviez des vues et auquel vous renoncerez pour payer les heures de votre femme de ménage, non ?

Rentrer chez vous chaque semaine après le passage de la femme de ménage est **UN PLAISIR** dont vous ne vous lasserez jamais !

Le bonheur de trouver le linge repassé et rangé, la cuisine qui sent le propre, le canapé regonflé, le tapis bien aspiré, le four nettoyé, le miroir de la salle de bains sans trace, la table de la cuisine sans tache... la zénitude va vous gagner !

5ᴇ RAISON : *c'est le bonheur de ne plus se taper cette corvée !*

Vous considérez le ménage comme **UNE VRAIE CORVÉE** (il y en a qui aime ça, respect !) ?

Alors **STOP !** Vous ne croyez pas que vous en faites assez ? Pourquoi vous infliger cette contrainte ? « Parce que ça coûte trop cher de prendre une femme de ménage, pardi. » Certes, mais c'est un sacrifice pour un très grand confort ! Peut être pourriez-vous vous le permettre en revoyant vos priorités.

Les Astuces
DE LA COMMUNAUTÉ
Femmes Débordées

Béatrice

AVANT, je passais mes week-ends à faire le ménage. J'étais à deux doigts de craquer. Et en semaine, matin et soir, il faut assurer avec les autres tâches quotidiennes : préparation des repas, lessive, repassage, rangement de la maison... Je passais peu de moments avec mes enfants, ce qui me déprimait encore plus.

MAIS depuis que j'ai une femme de ménage (trois heures par semaine), je respire et profite de mes week-ends.

PETIT CONSEIL : ne demandez pas à votre femme de ménage de nettoyer toute la maison. Certaines pièces n'ont pas besoin d'être faites à fond toutes les semaines.

Claire

Ça ne représente qu'un resto/ciné en famille dans le mois, ou encore une paire de chaussures dont on n'avait pas vraiment besoin, ou encore quelques gâteries inutiles et chères au supermarché... Bref, pour le bonheur que ça apporte, le sacrifice n'est pas si grand.

ALLÉGER LA CORVÉE MÉNAGE, ENFIN. (ESSAYER) !

1

Ménage quotidien
L'AIR DE RIEN

Même si vous avez une femme de ménage, le ménage quotidien reste indispensable ! Et si vous n'en avez pas, pour que le ménage ne tourne pas au cauchemar le week-end, nous avons une technique infaillible : chaque jour effectuez de petites tâches qui ne prennent que quelques minutes. S'il le faut, avancez votre réveil d'un quart d'heure. Courage !
Vous gagnerez ainsi facilement une heure voire plus le samedi sur votre ménage hebdomadaire !

★ NOS PETITES MISSIONS JOURNALIÈRES ET NOS CONSEILS PRATIQUES

♛ Dans les chambres

★ Aérez, faites le lit, rangez ce qui traîne (notamment vêtements sales dans le panier à linge sale).

★ S'ils ne l'ont pas fait, le soir, avant de se coucher, les enfants rangent leur chambre avant de partir à l'école : jouets et jeux sortis la veille, bazar sur le bureau (bon moyen pour ne pas oublier un cahier). Et ils font leur lit s'ils en ont l'âge.

➡ PRATIQUE

• Une jolie poubelle dans la chambre des enfants.

• Des boîtes, des boîtes, des boîtes pour ranger les jouets.

• 96 •

👑 Dans la salle de bains

★ Le dernier qui se sert du lavabo passe un coup d'éponge.

★ Le dernier qui sort de la douche passe un petit coup de raclette sur la paroi.

➡ PRATIQUE

• Un sac en plastique dans la poubelle pour ne pas avoir à la nettoyer.

• Du savon liquide plutôt qu'un pain de savon qui laisse des résidus.

• Une éponge ou une lavette microfibre à portée de main.

👑 Dans la cuisine

★ Rangez la table du petit déj' et lancez le lave-vaisselle s'il est plein.

★ Nettoyez rapidement plan de travail et plaques de cuisson (plus facile à nettoyer quand la tache ne s'est pas incrustée).

➡ PRATIQUE

• Pour toute cuisson du poulet au four, utiliser des papillotes de poulet.

👑 Pour le linge à laver

★ Instaurez la mise obligatoire des vêtements sales dans le panier à linge sale que vous placerez dans la salle de bains : demandez aux enfants de se déshabiller dans la salle de bains en mettant leurs vêtements directement dans le panier ; Ils adopteront le réflexe.

★ Lancez la machine pour l'étendre le soir en rentrant (ou mieux, pour les plus courageuses, lancez la machine le soir pour l'étendre le lendemain matin, les tarifs électriques sont moins chers la nuit).

➡ PRATIQUE

• Le panier à linge double compartiment : un pour le linge clair et l'autre pour le foncé.

• Les lingettes empêchant le linge de déteindre, pour éviter la mauvaise surprise du tee-shirt violet qui s'est glissé dans votre linge clair !

• Les cintres pour suspendre chemises et tee-shirts sortis du lave-linge, qui seront ainsi plus faciles à repasser.

★ TOUT ÇA POUR QUE LE WEEK-END VOUS N'AYEZ PAS...

➡ ... à lancer et à étendre deux énormes machines avec du linge que vous ne savez plus où suspendre,

➡ ... des chambres qui ressemblent à un champ de bataille à mettre en ordre avant d'être nettoyées,

➡ ... du calcaire trop tenace dans la salle de bains,

➡ ... une cuisine qui vous déprime !

FAIRE LE MÉNAGE DEVIENT NETTEMENT MOINS PÉNIBLE !

Alors, si en plus vous affectez à chaque membre de la famille une tâche précise, le tour est joué !

« LA REINE DE ALLÉGER LA CORVÉE MÉNAGE. ENFIN...(ESSAYER) ! QUOTIDIEN »

Méthode pour un ménage
EFFICACE

Passer le samedi matin à astiquer alors que vous pensiez n'y passer que deux petites heures, il y a mieux ! C'est peut-être parce que vous n'avez pas la méthode pour un ménage 100 % efficace !

★ VOILÀ DONC NOTRE TECHNIQUE POUR LA GARANTIE D'UN MÉNAGE TOP OPTIMISÉ !

★ Déterminez votre « tour de ménage », qui sera toujours le même : commencez par l'étage le plus haut et par la pièce la plus reculée par rapport à la porte d'entrée.

★ Dans chaque pièce, partez d'un point et faites le tour sans jamais revenir en arrière. Nettoyez la pièce zone par zone, de haut en bas, puis procédez de même pour la pièce suivante.

★ Passez ensuite l'aspirateur dans toutes les pièces.

★ Passez la serpillière dans les pièces d'eau.

★ Une fois les sols secs, rangez votre matériel mais sans laisser les accessoires mouillés dans un local fermé, afin d'éviter les odeurs d'humidité.

 Cuisine

★ Commencez par débarrasser l'évier de tout ce qui pourrait s'y trouver. S'il y a de la vaisselle, faites-la en premier.

★ Nettoyez plan de travail, petit électroménager, plaques, étagères en tournant de gauche à droite et de haut en bas.

★ Nettoyez four, four micro-ondes (intérieur et extérieur) et réfrigérateur (extérieur). Finissez en nettoyant l'évier et son robinet avec un anticalcaire.

♛ Salle de bains

★ Nettoyez le lavabo en commençant par l'intérieur, puis rincez-le et essuyez-le. Idem pour la douche et la baignoire. N'oubliez pas le coup de plumeau sur la tuyauterie apparente et l'anticalcaire sur la paroi ou le rideau de douche.

♛ WC

★ Gants indispensables !

★ Nettoyez le couvercle, la lunette et le siège, dessus et dessous. Nettoyez l'intérieur de la cuvette avant l'extérieur. Nettoyez la brosse et son habitacle. Vérifiez qu'il y a suffisamment de papier WC, de nettoyant pour la cuvette, de désodorisant, et que la brosse est encore opérationnelle.

★ LA LISTE « MÉNAGE MAGIQUE », C'EST QUOI ?

Il s'agit simplement d'une liste la plus détaillée possible du ménage à faire dans la maison. Vous la retrouverez page 176.

➡ Elle permet :

1. De vous aider à ne rien oublier.

2. De faire le lien entre la femme de ménage (si vous en avez une) et vous. Avec cette liste, vous indiquez les tâches ménagères précises à effectuer à chacun de ses passages !

Se faire aider
PAR LES ENFANTS

Les enfants fonctionnent par habitudes et par rituels. Donc si, petits vous leur donnez de bonnes habitudes, ils ne rechigneront pas à accomplir des tâches qu'ils verront comme normales et habituelles.

Mais que faire, nous direz-vous, avec des enfants qui ont été habitués à être servis comme des princes... Il n'est jamais trop tard pour commencer ; il faudra juste beaucoup insister et revenir à la charge sans rien lâcher. « Mets ton linge sale dans le panier », « range ta chambre » et « débarrasse la table » deviendront alors votre ritournelle préférée, mais cette chanson, vous la connaissez déjà par cœur, alors...

♛ *Et puis, vous leur rendez service :*

1. En leur montrant que tout ne tombe pas tout cuit.
2. En développant leur autonomie.
3. En enseignant aux garçons que l'ère de la fée du logis est révolue.

★ **QUE PEUT-ON LEUR DEMANDER ?**

AGE ?	QUOI ?	COMMENT ?
DÈS 2-3 ANS	Ranger chaque soir leur chambre	Apprenez-leur à ranger un peu chaque soir (pour éviter le champ de bataille de la fin de semaine), aidez-les un peu et facilitez-leur la tâche avec des boîtes par catégorie de jeux.

DÈS 3-4 ANS	Mettre chaque soir leur linge sale dans le panier	Votre enfant se déshabille dans la salle de bains, met ses vêtements directement dans le panier à linge sale et file au bain.
DÈS 6 ANS	Faire leur lit	Il lui suffit de rabattre sa couette sur le lit, de poser son oreiller dessus (ou dessous, selon vos habitudes) en ayant mis son pyjama sous l'oreiller. Pas grave si le lit n'est pas tiré au cordeau !
DÈS 6 ANS	Rincer la baignoire après le bain, ranger les jouets du bain	Si la tâche domestique est prise comme un jeu, l'enfant adhérera. Ainsi, vous lui dites qu'il se transforme en chevalier des eaux qui sauve ses jouets du tourbillon infernal et qui les installe sur le rebord de la baignoire pour un gros dodo. Il brandit le jet de douche pour éliminer toutes les saletés laissées au fond de la baignoire et, en fin de mission, il repose sa cape de super-héros sur le portant !
DÈS 6 ANS	Mettre le couvert	Il faut que tout soit à leur portée pour limiter la casse. Instaurez des tours qui seront marqués noir sur blanc sur un planning et qui seront affichés sur le frigo.
DÈS 6 ANS	Débarrasser et mettre la vaisselle sale dans le lave-vaisselle	Petits, ils emportent juste leur assiette, leurs couverts ainsi que leur verre et ils les mettent dans le lave-vaisselle. Plus grands, on instaure des tours de « débarrassage ».
DÈS 7 ANS	Aider à étendre le linge	Pas à toutes les lessives, mais vous pouvez négocier avec eux d'étendre par exemple le linge une fois par semaine avec vous : ils s'occupent des petites pièces (entre nous les plus pénibles) tandis que vous suspendez le reste. Vous pouvez instaurer un rituel comme raconter des anecdotes sur votre enfance, une histoire, etc.

★ COMMENT ORGANISER LES TÂCHES DOMESTIQUES DES ENFANTS ?

Il faut que les enfants sachent clairement ce qu'ils doivent faire. Alors, plutôt que de répéter chaque jour la même chose, on peut imprimer un tableau et le coller sur des endroits stratégiques de la maison : la porte de leur chambre et le frigo.

QUAND ?	OÙ ?	QUOI ?
MATIN	Côté chambre	• Mettre son pyjama sous son oreiller • Faire son lit (avec une couette, c'est facile) • Rassembler ses vêtements qui traînent sur une chaise (si pas fait la veille)
MATIN	Côté cuisine	• Mettre son bol dans le lave-vaisselle • Ranger (à tour de rôle avec les autres membres de la famille) la table du petit-déj'
SOIR	Côté chambre	• Mettre ses affaires au sale • Ranger ses affaires de classe une fois les devoirs faits • Préparer son sac pour le lendemain • Ranger sa chambre une fois les jeux terminés
SOIR	Côté cuisine	• Mettre ou débarrasser (à tour de rôle avec les autres membres de la famille) la table
SOIR OU MATIN	Côté animal	• S'occuper de l'animal qu'il a tant voulu : nourrir le hamster, sortir le chien (quand il est ado), nettoyer la litière du chat, etc.

Les Astuces
DE LA COMMUNAUTÉ
Femmes Débordées

.... Géraldine ....

Avant, à chaque fois que je demandais de l'aide à mes enfants, j'avais toujours des mécontents, des râleurs du type, « ce n'est pas mon tour », « j'ai déjà fait hier »... J'ai donc fait un petit planning des tâches avec une répartition par enfant (j'en ai trois) et par jour. C'est affiché sur le frigo et ça a été magique : ils s'y tiennent et ne râlent plus car c'est « écrit » !

Fini le linge PAR-DESSUS LA TÊTE

Entre les tenues quotidiennes de Rose, celles de Mister Eliott, spécialiste ès taches (faut dire, son pantalon lui sert de serviette), et les cinq chemises hebdomadaires de Loulou, toutes les semaines, c'est la même chose, le linge s'accumule, les étendoirs débordent et le repassage vire au cauchemar ! Et si vous essayiez de rationaliser tout ça ?

★ VOICI QUELQUES UNES DE NOS SUGGESTIONS

♛ *Fini le linge éparpillé*

On instaure des règles strictes et claires à toute la famille.

♛ *Fini les machines du week-end archi-bourrées et le manque de place sur l'étendoir*

★ Lancez la machine le matin pour l'étendre le soir en rentrant ou le soir pour l'étendre le lendemain matin.

★ Abusez des programmes demi-charge qui permettent de lancer plus de machines : moins de linge à étendre à la fois, un étendage plus rapide et un séchage plus facile !

♛ Fini l'étendage à la va-vite

★ Si vous voulez passer le moins de temps possible au repassage, appliquez-vous lors de l'étendage de votre linge !

★ Secouez les vêtements sèchement avant de les étendre correctement sur l'étendoir en limitant les pinces à linge, car elles marquent.

★ Récupérez les cintres du pressing et utilisez-les pour suspendre chemises, tee-shirts, robes d'enfant, qui seront plus faciles à repasser.

★ Même dans un petit appart, tendez un fil pour étendre draps et couettes (le fil rétractable comme à l'hôtel, au-dessus de la baignoire, est un bon compromis).

★ Optez pour un étendoir à linge adapté à votre espace.

♛ Fini les heures de repassage

★ Si vous le pouvez, étendez le linge dès la fin de la machine pour éviter qu'il soit trop froissé.

★ Repassez le minimum : le linge correctement étendu peut se passer d'être repassé (au moins pour une bonne partie) ; il suffit d'un petit coup de « lissage » avec vos mains avant de le plier.

★ Pliez correctement le linge dès que vous l'enlevez de l'étendoir : ce qui n'a pas besoin d'être repassé va immédiatement dans les armoires, et ce qui doit être repassé ne sera pas chiffonné avec plein de mauvais plis. Laissez sur cintre les chemises de Loulou.

★ Enfin, investissez dans une centrale vapeur, vous serez étonnée du temps que vous gagnerez !

TOUT LE MONDE PARTICIPE :

Homme et enfants sont de la partie ! Il suffit de bien définir les tâches et de ne surtout pas râler, même si le travail n'est pas fait comme vous auriez aimé...

Les Astuces
DE LA COMMUNAUTÉ
Femmes Débordées

.... *Laure* ....

J'ai pris l'habitude de repasser 5 à 10 minutes par jour, jamais plus de 10 minutes. Je mets le chrono en route et c'est parti !

Un peu de musique et le tour est joué. Je n'ai presque jamais de linge à repasser qui se promène dans le panier.

.... *Stéphanie* ....

Petite astuce pour ne pas perdre les chaussettes des enfants : le filet à linge...

Un pour chaque enfant, et on laisse sécher le filet suspendu à l'étendoir !

5

Grand ménage et rangement
DE PRINTEMPS

Une fois par an, on s'y colle ! Et c'est quand le soleil pointe son nez, avec les premières primevères, qu'on se dit qu'il est temps de faire le ménage de printemps. Avec les beaux jours, on a envie d'une maison sentant bon le frais. C'est parti !

1. Choisissez un week-end de beau temps pour pouvoir tout ouvrir, secouer à l'extérieur, etc.

2. Toute la famille y participe : petits et grands, le ménage de printemps se fait en famille, en attribuant une liste de tâches à chacun.

3. Gérez votre temps ! Ne passez pas le week-end entier à nettoyer toute la maison pour retourner crevée au boulot le lundi.

LE BON MATÉRIEL

★ Sacs-poubelle ★ Gants ★ Chiffons microfibre ★ Serpillières ou balai espagnol ★ Seau ★ Éponges ★ Brosses à dents usagées et petite brosse ★ Pierre d'argent ★ Aspirateur avec tous ses embouts ★ Produits ménagers : eau de Javel, vinaigre blanc, bicarbonate de sodium, savon noir, alcool ménager ou tout autre produit pour détartrer, dégraisser, nettoyer et désinfecter.

♛ **Faire le ménage de printemps,** cela signifie nettoyer de fond en comble, du sol au plafond ! **DUR, DUR !**

★ LE MÉNAGE DE PRINTEMPS DANS VOTRE CUISINE

Il vous faudra user de l'huile de coude pour venir à bout de votre cuisine ! Alors commencez par cette pièce : vous pourrez ainsi vous dire, une fois qu'elle sera finie, que le pire est derrière vous !

QUOI ?	COMMENT ?
RÉFRIGÉRATEUR	Évidemment, vous ne nettoyez pas votre réfrigérateur qu'une seule fois par an, mais vous pouvez profiter du grand ménage de printemps pour le faire vraiment à fond ! Videz-le complètement et jetez les aliments périmés ou douteux, nettoyez bacs, tablettes et paniers avec un chiffon microfibre et du vinaigre blanc.
CONGÉLATEUR	Videz-le au moins une fois par an pour procéder à son dégivrage. Attention à ne pas gratter brutalement avec une raclette, vous pourriez le détériorer ! Passez ensuite un chiffon microfibre et du vinaigre blanc.
PETIT ÉLECTROMÉNAGER	Nettoyez le grille-pain en enlevant toutes les miettes. Détartrez la cafetière et la bouilloire avec du vinaigre blanc.
PLACARDS	Enlevez le contenu des placards et nettoyez les différentes étagères.
GARDE-MANGER	Jetez les produits périmés ou ouverts depuis trop longtemps (notamment les épices qui ne se conservent qu'une année) et nettoyez les étagères.
TIROIRS	Videz-les un à un et nettoyez-les.
HAUT DES MEUBLES	Montez sur un escabeau pour le nettoyer et posez du papier journal de façon à ce que vous n'ayez plus qu'à le retirer pour en mettre un propre l'année suivante.

★ LE MÉNAGE DE PRINTEMPS DES PIÈCES SÈCHES

On entend par « pièces sèches » les pièces qui, comme le salon, la salle à manger, les chambres ou le bureau, n'ont pas de point d'eau. Si vous avez des étages, commencez par les pièces du haut et descendez. Suivez un sens pour ne pas vous éparpiller (dans le sens des aiguilles d'une montre, par exemple). Vous pouvez d'abord procéder au nettoyage de printemps puis au rangement, ou faire les deux en même temps si vous préférez traiter une pièce complètement pour ne plus y revenir après.

QUOI ?	COMMENT ?
TAPIS	Louez une machine pour les nettoyer et leur redonner un vrai coup de jeune.
MOQUETTE	Profitez-en pour shampouiner la moquette.
RIDEAUX	Passez-les à la machine ou au pressing. Attention, si vous n'avez jamais lavé vos rideaux, ils risquent de rétrécir !
LAMPES	Passez un chiffon microfibre sur les ampoules et les abat-jour.
CANAPÉ	S'il est déhoussable, passez les housses à la machine (attention à la température !). Passez l'aspirateur sous les coussins. S'il est en cuir, nettoyez-le avec une crème pour le cuir.
MEUBLES	Montez sur un escabeau pour enlever la poussière en haut des meubles et posez du papier journal. La poussière et la graisse se déposeront non pas sur le meuble mais sur le papier qu'il suffira de remplacer l'année d'après !
BIBELOTS, VASES, OBJETS DÉCO	Faites le tri entre ceux qui vous plaisent vraiment et ceux qui sont là juste parce que vous n'y pensez plus... Passez au lave-vaisselle vases et bibelots non fragiles.
SOMMIERS ET MATELAS	Passez l'aspirateur dessus et profitez-en pour faire la poussière sous le lit que vous aurez déplacé, notamment sur les plinthes inaccessibles habituellement.
COUETTES	Si elles sont lavables en machine, lavez-les avec 2 balles de tennis dans le tambour. Sinon, apportez-les au pressing si elles sont tachées.
DESSUS DE LIT, COUVERTURES	S'ils sont lavables, hop, en machine !

★ LE MÉNAGE DE PRINTEMPS DES PIÈCES D'EAU

Salle de bains, salle d'eau et toilettes vont être passées au peigne fin ! Plus de poussière sur les tuyaux, de cheveux dans les canalisations, de vieilles serviettes de toilette et de pots de crème qui datent !

QUOI ?	COMMENT ?
CONDUITS D'ÉVACUATION	Versez de l'eau de Javel dans les conduits d'évacuation du lavabo, de la douche et de la baignoire, pour détruire les résidus qui empêchent l'eau de bien s'évacuer.
JOINTS DES CARRELAGES	Frottez avec une petite brosse imbibée de vinaigre blanc ou d'eau additionnée de cristaux de soude.
RIDEAU DE DOUCHE	Changez-le s'il est fatigué, sinon nettoyez-le avec de l'eau savonneuse.
ROBINETTERIE	Enlevez le calcaire qui s'est incrusté.
POUBELLE	Nettoyez-la à l'eau de Javel.
POTS, VERRES, BOCAUX...	Faites un tri dans vos produits de soin et de maquillage : jetez les vieux produits, les fonds de pots, les bouts de crayons, les vernis qui ont épaissi... et passez au lave-vaisselle les boîtes et pots à crayons, ou passez-les au moins sous l'eau chaude.
LINGE DE TOILETTE	Jetez serviettes et gants de toilette qui sont plus gris que blancs (ou gardez-les pour en faire des chiffons).
MÉDICAMENTS	Faites le tri dans la boîte à pharmacie : gardez les médicaments qui ne sont pas périmés et qui ont encore leur notice, rapportez à la pharmacie les médicaments périmés.

········ ET N'OUBLIEZ PAS : ········

★ les toiles d'araignée au plafond et dans les angles ★ les interrupteurs ★ les poignées de portes intérieures, véritables nids à microbes ★ les radiateurs ★ les lames des stores

Les Astuces
DE LA COMMUNAUTÉ
Femmes Débordées

Fanny

★ Pensez aussi à laver le tiroir à lessive de la machine à laver. ★ Faites une machine à vide avec du vinaigre blanc. ★ Nettoyez le condenseur du sèche-linge.

★ GRAND RANGEMENT DE PRINTEMPS

Rangement de printemps : se débarrasser du superflu, intervertir sa garde-robe, classer, ranger ce qui traîne depuis trop longtemps...Ça fait un bien fou et vous vous sentirez ensuite légère, légère ! Petite liste autour d'un bon rangement

QUOI ?	COMMENT ?
VÊTEMENTS	Intervertissez votre garde-robe hiver/été.
SOUS-VÊTEMENTS	Faites 2 tas : ceux qui vous plaisent et qui sont en bon état, ceux que vous ne mettez plus depuis des lustres ou qui sont « grisouilles », que vous jetez. Faites un état des lieux de vos collants, mi-bas, chaussettes : jetez les bas abîmés, les mi-bas dépareillés et les chaussettes trouées !
MANTEAUX ET VESTES	Protégez-les dans des housses dans lesquelles vous aurez mis de l'antimite (à changer tous les 6 mois), et rangez-les dans un endroit sec (pas à la cave, mais oui pour le garage, s'il est bien ventilé).
VÊTEMENTS ENFANTS	Faites le tri des vêtements hors-saison qu'ils pourront remettre l'an prochain. Assurez-vous qu'ils ne sont pas tachés, sinon lavez puis rangez-les en haut de leur armoire dans une boîte en tissu (avec un sachet de lavande). Donnez ou vendez les vêtements trop petits que vous ne voulez pas garder.
CHAUSSURES	Rangez vos bottes dans leur boîte si vous avez de la place, sinon achetez de grandes boîtes plates à roulettes qui vont sous le lit.
JOUETS	Laissez les enfants maîtres de leur rangement en leur donnant deux sacs : un dans lequel ils entreposeront les jouets qu'ils ne veulent plus car « trop bébé », et que vous choisirez soit de conserver (à la cave, au garage), soit de vendre ou de donner, et un sac dans lequel ils jetteront les vieux jouets abîmés.

MAGAZINES	Passez dans toutes les pièces et débarrassez-vous de tous ces magazines que vous ne relirez jamais ! Et à l'avenir, si un article vous intéresse, prenez-le en photo et créez un répertoire. Si vous voulez garder des magazines, faites-en de jolies piles sous la table basse ou sur un buffet comme élément de déco.
PLACARDS CUISINE	Profitez du nettoyage de vos placards pour faire e tri dans votre vaisselle. Jetez assiettes et verres ébréchés, plats abîmés, ramequins inutiles, etc. Faites un état de vos casseroles et de vos poêles. Si le fond est vraiment abîmé, pensez à les remplacer.
ÉPICERIE	Ordonnez l'espace en utilisant des boîtes et des bocaux qui, en plus, permettent une meilleure conservation des aliments : une boîte pour les épices, une autre pour la pâtisserie, etc.
ADMINISTRATIF	Mettez-vous à jour et rangez dans des classeurs ou chemises les papiers qui doivent être conservés.
ORDINATEUR	Faites aussi le ménage sur votre ordi ! Classez documents, photos, etc. dans des répertoires clairement identifiés.

5

SE SIMPLIFIER LE QUOTIDIEN

— ★ AVEC ★ —

les enfants

10 conseils pour concilier au mieux
BOULOT ET MARMOTS

Démarrer sur les chapeaux de roues. "Jeter" les enfants à l'école. Bosser toute la sainte journée. Rentrer épuisée et démarrer sa seconde journée de maman pour la finir bien trop tard. On connaît ! Voici donc nos 10 conseils pour essayer de concilier au mieux vie pro et vie de famille !

1. REVOYEZ VOS PRIORITÉS

Avant de vous donner des astuces opérationnelles, on voudrait que vous vous posiez la **« QUESTION QUI TUE »** : votre style de vie vous convient-il ? Vous pouvez être speed, sous l'eau, débordée, mais heureuse, très heureuse, parce que votre boulot vous plaît vraiment, parce qu'il fait partie de votre équilibre, parce que vous profitez à fond des enfants le week-end, que vous aimez rentrer le soir et vous consacrer à eux...

A contrario, **avec l'arrivée des enfants**, il se peut que votre job, que vous aimiez tant avant, devienne une contrainte qui vous pèse de plus en plus, à cause des horaires, de la pression, du manque de temps en famille, ou autre.

Mais si vous continuez à foncer **tête baissée**, sans vous poser les vraies questions, en subissant plutôt qu'en agissant, votre vie vous semblera toujours pleine de contraintes.

Un bilan régulier vous permettra d'agir, de prendre des décisions (changer de job, demander un temps partiel ou, au contraire, reprendre un temps plein, etc.) et d'être en accord avec vous-même !

2. VOYEZ TOUJOURS LE VERRE À MOITIÉ PLEIN

Vous êtes restée coincée une heure dans les embouteillages ou dans les transports en commun aujourd'hui, et

· 118 ·

votre boss a passé ses nerfs sur vous… Certes, la journée a mal démarré, mais vous avez eu une pause-déjeuner super agréable avec vos collègues, vous avez eu des rendez-vous intéressants, il y a votre série préférée ce soir à la télé, la maîtresse a félicité votre fille pour ses progrès en lecture…

EN ADOPTANT UNE « POSITIVE ATTITUDE » la vie vous semblera beaucoup plus facile !

3. SOYEZ TOP ORGANISÉE

En suivant nos conseils d'organisation, vous devriez y voir plus clair.

★ *Suivez nos astuces* pour ne plus être débordée le soir ni en retard le matin.

★ *Prévoyez le menu de la semaine* en consultant nos recettes express.

★ *Faites des to-do lists* et suivez les nôtres.

★ *Anticipez.*

➡ Être organisée vous permet de vous simplifier la vie et, ainsi, de profiter davantage de bons moments en famille.

4. FAITES PARTICIPER TOUT LE MONDE

Si vous devez vous taper toutes les corvées quand vous êtes à la maison, forcément, homme et enfants vous trouveront un brin énervée et pas super disponible le soir et le week-end. Pas vraiment idéal pour une vie de famille épanouie !

·················· LA SOLUTION : ··················

le partage des tâches, du plus petit à l'ado rebelle ! Ils ne sont pas à l'hôtel ! En les responsabilisant et en leur expliquant calmement pourquoi ils doivent participer (parce que sinon vous n'aurez pas de temps à leur accorder, parce que vous travaillez aussi beaucoup et que, après votre journée de boulot, vous aimeriez plutôt vous amuser avec eux), ils le feront plus facilement qu'en hurlant : « RANGE TA CHAMBRE, JE NE SUIS PAS TA BONNICHE. »

5. INSTAUREZ DES RÈGLES

Pour ne pas passer votre vie à répéter les mêmes choses, à gronder les enfants parce qu'ils n'ont pas fait ce qu'ils devaient faire, fixez des règles et imprimez-les, comme le planning du matin et celui du soir avec des pictogrammes (dont on vous parle page 128) ou, pour les plus grands, listez leurs missions à effectuer selon les moments de la journée et imprimez la liste que vous affichez dans leur chambre.

6. SUIVEZ DES RITUELS OU CRÉEZ DES HABITUDES

Les enfants adorent les rituels : l'histoire du soir, le récit de leur journée quand ils prennent le bain, le marché en famille le samedi matin, la balade à vélo le dimanche, les jeux en famille quand il pleut, le dessin animé le samedi en fin de journée, etc.

Les enfants attendent ces moments et sont tellement heureux de savoir qu'ils vont les retrouver chaque soir ou chaque semaine ! Des moments simples mais dont tout le monde se souviendra longtemps.

7. LIMITEZ LES ACTIVITÉS

Comment passer du temps sereinement en famille si chaque enfant a trois activités extrascolaires qui transforment vos week-ends ou mercredis en marathon ?

Si les activités sont casées en semaine et n'entraînent pas une fatigue excessive des enfants, ni une contrainte trop lourde pour les accompagnants, O.K. Sinon, *réduisez les activités à une voire deux au maximum.*

PASSEZ EN MODE ZEN LE WEEK-END : petit déj' en famille en prenant le temps de discuter, de passer du bon temps ensemble. Passez aussi du temps individuellement avec chaque enfant. Et hop, plus d'horaires imposés par les activités ni d'énervements qui en découlent !

8. DEMANDEZ DE L'AIDE EXTÉRIEURE

Ce n'est pas parce que vous demandez de l'aide qu'on vous considérera comme une « FEMME QUI N'ASSURE PAS ».

Regardez autour de vous qui peut vous aider ou vous soulager :

★ Parents ou beaux-parents, pour garder les enfants un soir en semaine, quelques week-ends dans l'année ou pendant les vacances.

★ Parents des amis de vos enfants certains mercredis ou samedis après-midi (à charge de revanche).

★ Parents des enfants faisant la même activité extrascolaire que vos enfants pour les trajets.

★ Voisine pour échanger des services facilement.

★ Profs du collège de votre enfant pour du soutien ou des conseils.

★ Collègues de boulot pour des conseils, des services ; vous ne serez pas « incompétente » pour autant, au contraire, vos collègues seront flattés de votre confiance et, en retour, vous demanderont aide et conseils quand ils en auront besoin.

★ Femme de ménage pour quelques heures, même si vous êtes mère au foyer (ne serait-ce que deux heures pour le repassage, par exemple !).

CETTE AIDE VOUS PERMETTRA DE SOUFFLER ET VOUS APPORTERA ÉGALEMENT UN VRAI SOUTIEN SALUTAIRE !

9. PRENEZ LE TEMPS DE VOUS POSER AVEC VOTRE ENFANT

Même si vous arrivez du boulot crevée et pressée par le repas à préparer, posez-vous d'abord avec les enfants qui sont contents de vous voir et ont tellement de choses à vous raconter sur leur journée ! Quelques minutes précieuses pour vous reconnecter avec eux, les écouter vraiment, sans donner d'ordre ni râler.

Avouez, souvent c'est : « *Coucou, c'est moi. Ça va ? Vous avez fini vos devoirs ?* », à peine arrivée, plutôt que : « Bonjour, vous avez passé une bonne journée ? Racontez-moi ! »

10. ARRÊTEZ DE VOULOIR QUE TOUT SOIT PARFAIT

Vous le savez bien, pourtant. Et d'une, la perfection n'existe pas... Et de deux, si vous n'êtes pas convaincue, **« LA FEMME PARFAITE EST UNE CONNASSE »**...

Oubliez la maison qui ressemble à un logement témoin, les repas équilibrés chaque jour, les enfants habillés comme des enfants modèles, le jardin sans une feuille sur le gazon, les heures à faire réciter sa poésie à Rose tant qu'elle ne la connaît pas sur le bout des doigts, et avec le bon ton s'il vous plaît, les horaires de dingue au boulot pour peaufiner les dossiers au cordeau...

➡ **CHERCHER À ATTEINDRE LA PERFECTION VOUS GÂCHE LA VIE !**

Certes, c'est souvent inconscient, car c'est plus fort que vous. Vous pouvez même vous sentir mal si vous lâchez sur certains trucs (par exemple la maison moins bien rangée), mais vous devez faire des choix ! Si vous ne lâchez pas sur la maison témoin, alors lâchez sur autre chose...

➡ **VOUS ALLEZ VOUS SENTIR TELLEMENT MIEUX !**

Tant pis si ce soir c'est pizza (surgelée en plus !), au moins vous aurez du temps pour rigoler avec les enfants et vous caler ensuite devant votre série préférée.

Tant pis si Rose ne connaît pas sa poésie à la perfection : en plus d'éviter la crise de larmes, vous aurez du temps pour passer un moment de détente avec elle.

Ne plus faire rimer devoirs
AVEC CAUCHEMAR

*En primaire, officiellement, les devoirs écrits sont interdits.
Les maîtres et maîtresses de France et de Navarre ne devraient
donc donner à nos enfants que des leçons à apprendre.*

♛ *Petit retour sur la raison de cette décision :*

parce que certains enfants se font aider à la maison et d'autres non, l'Éducation nationale a décidé en 1956 d'interdire les devoirs du soir à l'école primaire pour que soit respecté le principe d'égalité pour tous. En 1994, une circulaire est venue réaffirmer ce principe. Elle déclare que "les élèves n'ont pas de devoirs écrits en dehors du temps scolaire".

Et d'une, la consigne, même si elle a été bien intégrée, n'est pas systématiquement respectée, loin de là...

Et de deux, qui a dit que les leçons à apprendre n'étaient pas des devoirs ? Elles sont même parfois plus fastidieuses que les devoirs écrits.

Et de trois, dès leur arrivée au collège, l'organisation des devoirs revêt une importance quasiment aussi capitale que les devoirs eux-mêmes, qui s'accumulent souvent telles des tartines dégoulinantes dont on ne sait par quel bout commencer !

★ NOS 10 COMMANDEMENTS POUR QUE LES DEVOIRS RIMENT AVEC EFFICACITÉ NOTOIRE PLUTÔT QUE PURGATOIRE.

1. *Un univers propice au travail tu créeras :*

★ au calme

★ sans tentation (pas de bruit de télé perturbateur, de portable qui bipe à chaque SMS reçu, etc.)

★ sur un bureau rangé

★ avec les bons outils à portée de main (dictionnaire, Bescherelle, règle, équerre, feuilles, effaceurs, cahier de brouillon, etc.)

★ un bon éclairage et une chaise adaptée

★ sans pour autant négliger les souhaits de votre enfant : s'il a besoin d'un fond sonore pour travailler, qu'à cela ne tienne

2. Avec ton enfant une routine des devoirs tu instaureras

Les devoirs sont faits à heure fixe, en accordant aux enfants entre trois quarts d'heure et une heure de détente après la sortie des classes.

Si votre enfant sait qu'il doit se mettre à ses devoirs tous les soirs à partir de 17 h 30, vous verrez, il s'y mettra. Pour les collégiens, dont l'emploi du temps varie, donnez-leur un timing de détente après lequel ils devront travailler.

3. Du week-end et du mercredi, pour s'avancer, il profitera

La plupart des instits et des profs donnent les devoirs à l'avance, souvent le vendredi soir pour le lundi et le mardi, et le mardi soir pour le jeudi et le vendredi. Aussi, vérifiez que votre enfant en profite pour s'avancer !

Décomposez le week-end en deux temps de travail : une partie le samedi et une autre le dimanche, de façon à ce que le temps passé sur les devoirs ne soit pas trop long.

4. Ensemble sa semaine de travail vous organiserez

En fonction de ses horaires de sortie et de ses activités extrascolaires. Si votre enfant termine le lundi à 15 heures, il pourra s'avancer sur le reste de la semaine et ainsi faire moins de devoirs le mercredi, jour où il a foot pendant deux heures.

5. Le « bourrage de crâne » tu banniras

Cela paraît évident écrit de la sorte, mais si votre enfant de CP ne parvient pas à apprendre sa leçon ou sa poésie après 10 minutes de répétition, passez à autre chose

et ne vous entêtez pas à la lui faire répéter pendant une demi-heure. Il n'est plus concentré, il n'y arrivera plus !

Vous oubliez l'exercice et le laissez jouer, prendre son bain, se détendre, dîner, puis le papa ou vous revenez dessus de façon détournée ; par exemple, au moment du coucher, vous lui lisez la poésie en mettant bien le ton et en lui demandant de répéter comme vous. Il « dormira dessus » et il y a de fortes chances pour que ce soit assimilé le lendemain.

Pour les plus grands, déterminez un temps consacré aux devoirs. Un élève de primaire doit passer un temps limité sur ses devoirs (10 minutes en CP, 15 à 20 minutes en CE, et 30 à 40 minutes en CM).

S'il n'y parvient pas, il faut peut-être revoir l'organisation du temps de travail (s'avancer le week-end) ou en parler avec son instit.

6. Son travail à sa place tu ne feras pas mais tu l'épauleras

La rédaction de français qu'il n'arrive pas à rédiger, le problème de maths qu'il n'a toujours pas compris malgré vos explications… La tentation de lui donner un coup de main appuyé est forte, mais résistez !

D'une part, vous ne lui rendez pas service et, le jour du contrôle en classe, il se retrouvera face à ses difficultés ; d'autre part, sachant qu'il peut compter sur vous, il ne fera pas d'efforts pour y arriver seul.

S'il est dans l'impasse, vous le guidez, vous lui posez les questions qui lui permettront de trouver la solution, vous revenez sur la méthode, la leçon vue, etc.

7. Le plus tôt possible, l'autonomie tu lui apprendras

Commencez par lui expliquer de quelle manière apprendre une leçon ou une poésie en trouvant avec lui la meilleure méthode, selon si sa mémoire est visuelle ou auditive.

★ Si elle est visuelle, il apprendra en « photographiant » sa leçon.

★ Si elle est auditive, il apprendra en parlant à voix haute.

Une fois qu'il sera prêt, il vous récitera sa leçon ou sa poésie. S'il s'agit d'exercices, apprenez-lui à bien lire l'énoncé ou lisez-le avec lui pour être sûre qu'il a bien compris, puis laissez-le travailler et vérifiez ensuite son travail.

8. Disponible tu seras

Pas question qu'il fasse ses devoirs seulement si vous êtes à côté de lui, mais pas question non plus que vous ne trouviez pas le temps de lui faire réciter sa leçon, s'il vous le demande, ou de lui expliquer le "pourquoi du comment".
Les devoirs sont aussi une ouverture sur la culture générale et un enfant qui pose des questions sur sa leçon d'histoire, même si elles ne concernent pas directement la leçon, c'est une opportunité formidable de rebondir sur le sujet en sortant du cadre. Profitez-en alors pour lui faire apprendre autrement (visite de musées, expos, balade en ville, etc.).

9. Toujours tu te contrôleras

Dur, dur, après une journée de travail, de garder son calme face à un enfant qui au bout de la dixième répétition confond toujours 1492 et 1789 ! Ou encore lorsque vous découvrez à 19 heures qu'il a une interro de maths le lendemain et qu'il n'a rien révisé. Vous criez… pour vous soulager tout en sachant que vos cris ne feront que le stresser.

Alors si vous savez que vous ne pourrez pas vous contrôler, passez la main au papa ou laissez-le seul et dites-lui que vous reviendrez quand il connaîtra sa leçon… Mais ne rajoutez pas de pression à votre enfant qui aura peur que vous criiez s'il n'y arrive pas.

10. Si tu n'y arrives pas, tu délégueras

Si vraiment les devoirs sont une source de conflits trop importante entre vous et votre enfant, s'ils empoisonnent l'ambiance à la maison, déléguez… à votre conjoint, à un étudiant qui viendra quelques heures dans la semaine, ou encore utilisez les ressources du Web. Découvrez des sites de soutien scolaire en ligne gratuit en suivant le lien :
https://lc.cx/SzR8

J'arrête de répéter 25 fois
LA MÊME CHOSE

Ras-le-bol de devoir répéter à tout bout de champ "Tu t'es lavé les mains ?", "Tu t'es brossé les dents ?", "Va faire tes devoirs", "Viens mettre la table" dix fois par jour, tous les jours !

Alors, on s'est dit qu'on pourrait peut-être essayer de les aider, ces pauvres petits choux qui oublient tout le temps qu'on se lave les mains quand on rentre de l'école !

★ VOILÀ, ON A CRÉÉ LE PLANNING DU MATIN ET CELUI DU SOIR, AVEC DES PICTOGRAMMES !

♛ **Et d'une**, les petits loups qui ne savent pas encore lire visualisent leur planning du matin et du soir (et apprennent même à lire les mots de la consigne).

♛ **Et de deux**, sachant que des images valent mieux qu'un long discours, le planning sera aussi utile à ceux qui savent lire.

♛ **Et de trois**, avec ce planning placardé dans les endroits stratégiques de la maison (porte de leur chambre, réfrigérateur, par exemple), ils auront sous les yeux ce qu'ils doivent faire du lever au coucher et vous, vous n'aurez qu'à répéter : « Suis ton planning ! » Vous vous sentirez d'un seul coup comme... **DÉLESTÉE !**

♛ **Et de quatre**, ça peut même les responsabiliser ! « Je me suis lavé les dents tout seul sans que maman me le demande, **COMME UN GRAND !**

➡ Pour télécharger depuis votre ordinateur le planning des routines, et l'imprimer à la taille que vous voulez, suivez ce lien : https://lc.cx/SzRb

VOUS POUVEZ AUSSI DÉCOUPER LES PICTOS DE LA PAGE 207 ET CONSTITUER VOTRE PLANNING VOUS MÊMES !

Voici les différentes missions du matin et du soir que nous avons listées et illustrées

PLANNING DU MATIN

- Je me lève
- Je prends mon petit déj'
- Je débarrasse mon petit déj'
- Je me lave les dents
- Je me lave le visage et les mains
- Je me coiffe
- Je fais mon lit
- Je mets mon pyjama sous mon oreiller
- Je m'habille
- Je prends mon sac d'école
- Je mets mon manteau
- Je quitte la maison

PLANNING DU SOIR

- Je me lave les mains en rentrant
- Je range mes chaussures
- Je goûte
- Je prépare mon sac d'école pour demain
- Je joue
- Je mets mes vêtements sales dans la corbeille à linge
- Je me mets en pyjama
- Je dîne
- Je me brosse les dents
- Je laisse téléphone portable et autre sur la commode
- Je mets mes pantoufles
- Je suspends mon manteau au portemanteau
- Je fais mes devoirs
- Je revois ma musique
- Je range mes jouets
- Je prends mon bain
- Je regarde la télé
- J'aide maman ou papa
- Je lis (ou j'écoute une histoire)
- J'éteins la lumière

SE SIMPLIFIER LE QUOTIDIEN AVEC LES ENFANTS !

10 idées de moments joyeux
EN FAMILLE

Prise par la gestion du quotidien, les journées s'enchaînent souvent sans que vous puissiez prendre le temps de vous amuser en famille.

La semaine, c'est la course, entre les devoirs, le bain, le dîner, le coucher pas trop tard, vous arrivez à tout juste caser l'histoire du soir que vous vous empressez de boucler.

Le week-end, entre les courses, le ménage, le sport et les dîners avec les copains, quand le dimanche soir arrive, vous regrettez de n'avoir pu profiter des enfants comme vous auriez aimé !

➡ STOP !

Et si vous vous octroyiez des temps de pause ! Des moments fun, dans la semaine et le week-end. Des moments dont les enfants se souviendront toute leur vie, qui marqueront leur enfance…

Des moments qui montrent combien la vie en famille est joyeuse, heureuse !

NOS IDÉES FACILES POUR DES SUPER MOMENTS EN FAMILLE

1. Un énorme seau de pop-corn devant un film comique

➡ Nos films comiques préférés à faire découvrir aux enfants (oui, c'est aussi de la culture !)

·········· QUELQUES SUGGESTIONS POUR LES 7 - 10 ANS ··········

- ★ Tous les De Funès avec dans le top 3 *L'aile ou la cuisse*, *Oscar*, et *La folie des grandeurs*
- ★ Nanny McPhee
- ★ La première étoile
- ★ Charlie et la chocolaterie
- ★ Mary Poppins
- ★ Alwin et les Chipmunks
- ★ Le petit Nicolas
- ★ Ducobu
- ★ La Nuit au musée
- ★ Les Charlie Chaplin

POUR LES PLUS DE 10 ANS:

- ★ *Neuilly sa mère*
- ★ *La Boum*
- ★ *Tatie Danielle*
- ★ *Agathe Cléry*
- ★ *Didier*
- ★ *Le Père Noël est une ordure*
- ★ *Les Bronzés font du ski*
- ★ *Les Visiteurs*
- ★ *Bienvenue chez les Ch'tis*
- ★ *Mon beau-père et moi*
- ★ *Intouchable*
- ★ *Freaky Friday*

2. Un goûter en guise de dîner

➡ Le goûter est le repas préféré des enfants…

Imaginez alors leur joie en découvrant en guise de dîner gaufres, crêpes, jus d'orange, salade de fruits, fraises à la chantilly, coupe de glace, le tout arrosé d'un bon chocolat chaud !

Vous pouvez aussi choisir le petit déj' en guise de dîner avec tartines, bols de céréales, oeufs brouillés et chocolat chaud… **SUCCÈS GARANTI ET SOUVENIRS À VIE !**

3. Une partie de jeux vidéo en famille

➡ Ca, c'est sûr que ça les mettra en joie !

Une partie endiablée de Mario Kart, un Just Dance déchaîné… Déjà qu'entre eux ils adorent alors si en plus, papa et maman s'y mettent, **C'EST LE BONHEUR INTÉGRAL !**

4. Une soirée de non-anniversaire

➡ L'anniversaire, ce n'est qu'une fois **PAR AN !**

Alors que les non-anniversaires, ben, ce sont les 364 autres jours ! Evidemment, il faut que les enfants aient vu ou lu Alice au pays des merveilles pour qu'ils saisissent l'événement, sinon, ça tombera à plat !

Sans rien leur dire, vous préparez un gâteau, des bougies et pourquoi même un petit cadeau et à la fin du repas, vous arrivez avec les bougies allumées en chantant « Joyeux non anniversaire » ! Surprise et crise de rire assurées ! Et voilà un autre souvenir qu'ils garderont **À VIE !**

5. Une partie de jeux de société

Dans un monde où le numérique et internet dominent, on se retrouve bien souvent chacun dans son coin à surfer, à jouer, à tchater, à instagrammer, à snapchater, à facebooker... Et au bout du compte, à ne plus rien partager ! En proposant un jeu de société, on partage, on discute, on rit et on joue les uns avec les autres.

Depuis le Monopoly® et le Cluedo®, les jeux de société se sont multipliés et ont évolué. Les parties sont plus courtes (Jungle Speed®), plus rigolotes (Twister®, Time's Up®), s'adressent aux plus petits (Chass' Taupes®), quand d'autres sont instructives et drôles à la fois (Cranium®)... On en trouve pour **TOUS LES GOÛTS**.

Et rien de tel aussi qu'un petit bac, une bataille navale, un morpion ou un pendu ! Des jeux qui ne nécessitent qu'un simple papier et un crayon...

6. Une soirée album photos

Les enfants adorent feuilleter les albums photos d'eux quand ils étaient petits ou ceux de leurs parents « quand ils n'étaient pas nés ». Alors sortez les albums et racontez-leur les anecdotes, les événements, les rencontres, les bêtises et autres faits marquants dont ils ne se souviennent plus et qui leur permettra d'avoir l'impression de se souvenir de ces moments liés aux photos.

Si vous ne faites pas de livres photos, organisez une soirée photos en les projetant en grand sur la télé ! Un chouette partage à faire régulièrement.

7. Un déjeuner dans une cabane

Aaaaah les cabanes, les enfants les adorent ! Et quand il s'agit d'en construire, ils ne manquent pas de ressources et d'imagination. Avec des vieux cartons, des draps, des couvertures, sous une table recouverte d'une nappe, dans le jardin entre les buissons... Alors si vous organisez une "dînette party" dans une cabane, c'est le paradis !

➡ **ET HOP**, toute la famille dans la cabane ; on raconte des histoires en grignotant des manchons de poulet.

8. Chanter, danser toute la soirée !

Ce qu'adorent le plus les enfants, c'est quand les parents font les fous. Voir papa et maman chanter à tue-tête, danser, monter sur la table basse, c'est tellement drôle ! Alors vous programmez une super playlist et c'est parti…

Tout le monde se remue sur *Just Dance*… Vous leur montrez comment danser le rock ou la new wave de l'époque… Tout le monde chante en cœur les chansons de Disney…

9. Une séance de chatouilles

Basique mais ils adorent alors on ne va pas s'en priver ! **HOP**, ni vu ni connu, alors que vous déshabillez trésor, une main vient le chatouiller…Tandis que Junior s'ennuie devant la télé, vous lancez une guili-guili party ! Et aussi les prouts avec la bouche sur leur petit ventre tout chaud…

10. Un concours de grimaces immortalisées avec une photo et remise de prix (un bonbon tant qu'on y est !) pour :

★ la grimace la plus horrible

★ la grimace la plus originale

★ la grimace la plus moche qu'avec la bouche

★ la grimace la plus dégueu qu'avec le nez

★ la grimace la plus drôle…

« IL EN FAUT PEU POUR ÊTRE HEUREUX »

Juste passer du bon temps tous ensemble et savourer ces moments !

Organiser un anniversaire au top
SANS SE PRENDRE LA TÊTE

Zapper la fête d'anniversaire pour les 4 ans de Tom ou les 6 ans de Louise en vous contentant de leur faire souffler leurs bougies un dimanche midi en famille, vous n'y pensez pas !

Après Noël, fêter leur anniversaire comme il se doit avec les copains est le moment le plus attendu des enfants. Alors vous ne pouvez pas les priver de cette immense joie !

Voici nos trucs pour faire de cette journée d'anniversaire un moment inoubliable pour votre enfant sans pour autant vous mettre la pression.

★ SUIVEZ NOTRE PLANNING

♛ 1 à 2 mois avant la fête

➡ Commandez les petits cadeaux qui seront offerts lors des jeux ou en fin d'anniversaire.

Pourquoi aussi longtemps avant la fête ? Parce qu'en passant par eBay ou alibaba.com les petits cadeaux seront vraiment moins chers, vous aurez le choix et pourrez faire de très bonnes affaires qui enchanteront les enfants (petites peluches, figurines, trousses...). Profitez aussi des soldes dans les magasins pour acheter des petits cadeaux à petits prix.

♛ 3 semaines avant la fête

★ Faites la liste des copains à inviter avec votre enfant, en imposant un nombre raisonnable (la notion de raisonnable est subjective ici, tout dépend de l'âge de l'enfant et du niveau de turbulence de ses copains) et surtout en lui faisant rayer de la liste Émilie la vraie chipie ou Théo le bagarreur...

★ Définissez date, horaires et thème, s'il y en a un.

♛ 2 semaines avant la fête

★ Achetez les invitations ou téléchargez des modèles gratuits en tapant vos mots-clés sur Google, comme par exemple "Invitation anniversaire Reine des Neiges", et préparez-les en y incluant un RSVP ("retour s'il vous plaît") avec votre numéro de téléphone.

★ Distribuez-les : en maternelle, donnez-les à la maîtresse qui les distribuera ; en primaire votre enfant les donnera à ses copains avant d'entrer dans l'école (la distribution d'invitations est souvent interdite dans l'enceinte de l'école).

★ Déterminez jeux et activités.

★ Listez le matériel nécessaire pour chaque jeu et activité et achetez-le sur Internet.

★ Faites une liste de tout ce que vous allez acheter au supermarché (bonbons, bougies, assiettes, verres, nappe, serviettes, ballons et pompe à gonfler, guirlandes...) avant de vous y rendre.

★ Réglez le sort des frères et sœurs : participeront-ils ou non ? S'ils sont trop petits pour participer, validez qui les gardera.

★ Comme il est indispensable que vous soyez deux aux manettes, vérifiez bien que votre homme sera de la fête. Si ce n'est pas le cas, trouvez une bonne âme pour vous aider tout le temps de la fête.

♛ 1 semaine à 2 jours avant la fête

★ Achetez ce qui manque (bougies, décorations, ballons, bonbons, etc.).

♛ J-1

★ Vérifiez que l'appareil photo et/ou vidéo fonctionne bien, que la batterie est pleine et que la carte mémoire est vide.

★ Vérifiez les espaces de jeu des enfants et enlevez les objets fragiles.

★ Décorez l'intérieur de la maison (ne gonflez pas encore les ballons) la veille au soir si vous voulez être tranquille le matin du jour J, avant la tempête de l'après-midi.

★ Emballez les cadeaux de la pêche à la ligne ou autre.

★ Préparez les sachets de bonbons remis à la fin de la fête à chaque invité.

★ Préparez le matériel pour les activités.

♛ Matin du jour J

★ Préparez le gâteau (pas besoin de faire compliqué).

★ Gonflez les ballons.

★ Finissez de décorer l'intérieur et décorez l'extérieur de la maison.

★ Disposez les jeux.

★ Mettez les bonbons dans de jolis récipients mais ne les disposez pas tous à la portée des enfants ; gardez des réserves, ils vont tout engloutir très vite.

★ Préparez la table du goûter.

★ Notez sur une feuille de route les jeux prévus pour la journée : face à 10 gamins surexcités, on perd vite la mémoire !

♛ Jour J, heure H

★ Notez les numéros de téléphone des parents des petits invités sur une liste, au cas où.

★ Redites bien l'heure à laquelle ils doivent venir récupérer leur enfant, ça vous évitera d'en avoir un qui reste une heure de plus parce que la maman avait cru que l'anniversaire se terminait à 18 heures et pas 17 heures.

★ Prenez ou faites prendre plein de photos et/ou de vidéos.

ALTERNEZ JEUX ET TEMPS CALMES

Rythmez l'anniversaire de votre enfant en proposant des jeux variés, individuels ou collectifs, qu'ils connaissent déjà et qu'ils apprécient, et des temps calmes.

♛ *Jeux faciles qui plaisent*

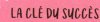

LA CLÉ DU SUCCÈS
c'est de prévoir plein de petits jeux et d'activités pour qu'ils ne tournent pas en rond (et du coup fassent n'importe quoi).

EN EXTÉRIEUR

★ la course de l'œuf

★ la course en sac

★ la balle aux prisonniers

★ le chat perché

★ jeu de la pomme à l'eau (une pomme dans de l'eau à attraper avec sa bouche sans s'aider de ses mains)

★ une partie de foot

★ une piñata (qui peut aussi se faire en intérieur après avoir bien dégagé l'espace de tout objet fragile).

EN INTÉRIEUR

★ le facteur n'est pas passé

★ la patate chaude (les joueurs sont en cercle, de la musique passe ; le joueur possédant la patate – une balle ou un ballon – la lance le plus vite possible à son voisin de gauche, comme si la patate était très chaude ; quand la musique s'arrête, le joueur qui a la patate entre les mains est éliminé)

★ les chaises musicales

★ le jeu de la statue (on met de la musique et les enfants dansent ; dès que la musique s'arrête, ils doivent s'immobiliser sinon ils sont éliminés)

★ le jeu de la momie (entourer de papier toilette son partenaire)

• 137 •

♛ Temps calmes

POUR LES PETITS

★ coloriages

★ jeu de construction ou loisirs créatifs (Kapla® ou PlayMaïs®, par exemple)

★ collier de grosses perles

POUR LES PLUS GRANDS, DES ACTIVITÉS MANUELLES :

★ masques en carton à décorer

★ boîtes, trousse ou sac à personnaliser

★ porte-clés ou composition en pâte Fimo®

★ cadres photo de formes variées à peindre

★ vernis colle (serviettes en papier collées sur des supports divers)

♛ N'oubliez pas la pêche à la ligne

Jusqu'à 6 ou 7 ans, ils adorent et la pêche les occupe un moment (c'est toujours ça de gagné).

Vous avez acheté les petits cadeaux comme indiqué dans le planning. Si besoin, emballez-les dans un papier cadeau différent s'il y a des cadeaux « fille » et « garçon ». Faites une grosse boucle avec de la ficelle ou du bolduc pour que la pêche ne soit pas trop difficile.

Pour les cannes à pêche, prenez un bâton (tuteur, baguette, etc.) et attachez au bout une ficelle avec, à son extrémité, le haut d'un cintre en métal que vous aurez coupé (ceux que le pressing donne).

— Les conseils —
DE LA COMMUNAUTÉ
Femmes Débordées

- Assurez-vous que les jeux plaisent à tous les enfants.
- Gardez à l'esprit que le but est que les enfants s'éclatent, donc si vous voyez que l'ambiance n'y est pas, passez à un autre jeu qui leur plaira davantage.
- Écoutez les enfants : ils ont plein d'idées et s'ils préfèrent faire un "filles attrapent garçons" plutôt que votre chamboule-tout, oubliez votre idée.

♛ **N'hésitez pas à leur mettre un dessin animé en fin de journée**

Si vous avez prévu un anniversaire assez court, par exemple de 15 heures à 17 heures, les différentes animations les occuperont largement. Si l'anniversaire dure plus longtemps (14 h 30 - 17 h 30, ce qui est plus courant), il se peut qu'en fin de journée vous vous retrouviez un peu démunie après les jeux, l'activité manuelle terminée, le gâteau dévoré, les cadeaux déballés…

N'hésitez pas à leur proposer un film ou un dessin animé : cela les calmera en attendant l'arrivée des parents.

PRÉVOYEZ PLEIN DE BONBECS

➡ Pour un enfant, un anniversaire réussi est un anniversaire où il y a **DES BONBONS À PROFUSION !**

Le gâteau, c'est juste pour souffler les bougies. Ce que mangent et veulent les enfants avant tout, ce sont des bonbons ! Oubliez le gâteau de pâtissier : c'est donner de la confiture aux cochons !

Préparez plutôt votre gâteau au chocolat classique et faites-en une merveille en le recouvrant de Smarties®, de bonbons ou encore d'un décor en pâte à sucre. On vous garantit un succès fou auprès des enfants.

♛ Attention à la razzia

Disposez différentes sortes de bonbons dans des bols mais surtout, surtout, ne les mettez pas tous à disposition dès le début de l'anniversaire ! Ils disparaîtraient en 5 minutes et vous vous retrouveriez sans un bonbon jusqu'à la fin de la journée. Autant dire un anniv' raté !

Approvisionnez régulièrement les bols vidés en 5 minutes et surveillez les petits gloutons qui pourraient se rendre malades. Oubliez les bonbons durs, ils pourraient les avaler de travers et s'étouffer avec.

♛ Les invités ne partent pas les mains vides !

En fin d'anniversaire, prévoyez une petite pochette remplie de bonbons pour chaque invité. Et, éventuellement, quelques pochettes de rab à offrir généreusement au frère ou à la sœur du petit invité si les parents viennent le chercher en famille.

Et voilà une fête réussie et une maman contente que CE SOIT FINI !

Baby-sitting sans MAUVAISE SURPRISE

Confier la prunelle de ses yeux à une jeune fille ou un jeune homme que l'on ne connaît pas bien, voire pas du tout, c'est angoissant !

Vous avez beau vous dire que tout va bien se passer, que votre bébé dort et qu'il ne va pas se réveiller, que les enfants sont prêts à aller se coucher, qu'ils sont raisonnables maintenant, ou que la baby-sitter vous a été chaudement recommandée, il subsiste au fond de la maman louve que vous êtes une petite angoisse !

★ **LES SOLUTIONS POUR PARTIR SEREINEMENT À VOTRE SOIRÉE ET PASSER UN DÎNER EN ÉTANT DÉTENDUE :**

1. Choisissez une baby-sitter que vous connaissez ou qui vous a été recommandé

Le temps de la baby-sitter trouvée par petite annonce à la boulangerie est un peu révolu. Aujourd'hui, vous pouvez trouver des baby-sitters grâce à des sites internet sur lesquels les utilisateurs laissent des appréciations et des notes à la façon de TripAdvisor pour les voyages. Du coup, vous stressez moins quand arrive Amandine, baby-sitter 5 étoiles aux 15 appréciations dithyrambiques ! Pensez aussi aux grands enfants de vos connaissances ou amis qui sont (normalement) un gage de garantie.

TOURNEZ AVEC 2 OU 3 BABY-SITTERS DIFFÉRENTES

Ainsi, si l'une ne peut pas, vous pourrez vous retourner facilement sans stresser.

2. Passez au moins 10 minutes avec la ou le baby-sitter pour lui donner vos consignes

······ CONSIGNES CONCERNANT LES ENFANTS ET LES BÉBÉS ······

★ Comment donner le biberon à votre bébé s'il doit en avoir un pendant sa présence (chaud, froid) et comment lui faire faire son rot ?

• 142 •

★ Ce que vos enfants/bébés peuvent ou ne peuvent pas boire ou manger : si l'un d'eux est allergique aux cacahuètes, la baby-sitter doit le savoir ; elle peut très bien avoir un paquet de biscuits qui en contiennent et que votre enfant voudra goûter.

★ Comment calmer votre bébé s'il pleure ?

★ Quel est le jouet préféré de votre bébé, son doudou, le livre que votre enfant adore qu'on lui lise ?

★ Comment dort votre bébé (sur le dos, sans oreiller, avec sa turbulette mise correctement, sans couverture, etc.) ?

★ Comment nettoyer votre bébé, si besoin, changer sa couche et le rhabiller ?

★ Comment réagir si les enfants ne veulent pas se coucher ou s'ils se réveillent avant votre retour (hyper important pour éviter de rentrer en urgence en plein milieu du dîner, par exemple) ?

Ce sera ainsi moins la panique si, à minuit, Jules se réveille en hurlant et que la baby-sitter sait qu'un petit biberon de lait viendra à bout de son chagrin.

CONSIGNES CONCERNANT LA MAISON

★ Faites un tour des lieux avec la baby-sitter en lui montrant où se trouvent les objets dont elle aura besoin : biberons, couches, vêtements de rechange, trousse de secours, etc.

★ Montrez-lui le fonctionnement des appareils qu'elle pourrait avoir à utiliser : four micro-ondes, télévision, etc.

★ Enfin, soulagez-la ! Si vous savez que les enfants risquent de rechigner à aller se coucher, autorisez-la à leur mettre un épisode de leur dessin animé préféré pour dire « le dernier et oust, au lit ! ».

⭐ DITES-LUI CLAIREMENT CE QUE VOUS ATTENDEZ D'ELLE : UNE BABY-SITTER AVERTIE EN VAUT DEUX !

Vous attendez d'elle qu'elle garde les enfants pendant votre absence, certes, mais ça reste un peu vague. Dites-lui donc ce à quoi elle a droit et surtout ce à quoi elle n'a pas droit.

♛ *Par exemple, la baby-sitter a le droit :*

★ de se servir dans le frigo

★ de regarder ce qu'elle veut à la télé dans la mesure où les enfants dorment et que le son est mis en sourdine, pour qu'elle puisse entendre si un enfant se réveille

♛ *Elle n'a pas le droit :*

★ de faire venir des copains ou des copines

★ de fumer, de boire de l'alcool

★ de se servir de l'ordinateur et du téléphone de la maison (sauf urgence)

★ d'ouvrir les fenêtres même s'il fait très chaud (par exemple)

★ de donner à manger aux enfants (par exemple, s'il y a des allergies)

★ de se servir une boisson très chaude (thé, café) avec les enfants à côté d'elle (elle le fera quand les enfants dormiront)

➡ **ELLE DEVRA ÊTRE JOIGNABLE TOUTE LA SOIRÉE.**

················ **CONTENU DU MÉMO À L'USAGE DE LA BABY-SITTER** ················
À LUI REMETTRE AVANT DE PARTIR

1. *Vos coordonnées*

2. *Les coordonnées de vos proches* au cas où vous ne seriez pas joignable (parents, voisins, amis près de chez vous)

3. *Numéros d'urgence* : Samu (15), pompiers (18), police (17)

4. *Centres antipoison* : ANGERS 02 41 48 21 21 / BORDEAUX 05 56 96 40 80 LILLE 0800 59 59 59 / LYON 04 72 11 69 11 / MARSEILLE 04 91 75 25 25 NANCY 03 83 32 36 36 / PARIS 01 40 05 48 48 / RENNES 02 99 59 22 22 STRASBOURG 03 88 22 50 50 / TOULOUSE 05 61 77 74 47

5. *Photocopie des pages vaccination des carnets de santé*

6. *Photocopie des cartes de groupe sanguin*

7. *Allergie alimentaire éventuelle*

8. *Habitudes du coucher* : horaires, rituels, doudous, lumière + expliquer comment dort votre bébé.

9. *Emplacement des pyjamas*, bodys, couches (en cas de fuite)

10. *Emplacement de la boîte à pharmacie*

11. *Consignes en cas de bobos*

12. *Consignes en cas de faim nocturne*

13. *Consignes pour calmer votre bébé* s'il pleure + consignes pour gérer les enfants s'ils font des cauchemars ou se réveillent

14. *Où couper l'eau, le gaz ou l'électricité*

15. *Comment remettre le courant* après une coupure ou si les plombs ont sauté

16. *Ce que la baby-sitter est autorisée à faire*

17. *Ce qui est interdit à la baby-sitter*

Nos astuces pour survivre AUX "MERCREDIS TAXI"

Vous avez décidé de ne pas travailler le mercredi pour profiter de vos enfants. Mais souvent, mercredi, c'est taxi !

Allers-retours en tout genre : activités sportives et artistiques, rendez-vous chez le pédiatre, l'orthodontiste ou l'orthophoniste... Qui a dit que le mercredi les mamans se la coulaient douce ?

★ NOS 6 TRUCS POUR SURVIVRE AU MARATHON DU MERCREDI :

1. Associez-vous avec d'autres mamans

Des mamans dont les enfants sont dans le même cours de danse, tennis, dessin, pour que l'une fasse l'aller, et l'autre le retour. Vous ne connaissez aucune des mamans des enfants ? Pas grave, allez-y au culot ou mettez un petit mot sur la porte de la salle, il y aura bien une maman ravie qui saisira l'occasion.

2. Transformez votre voiture en bureau nomade.

Profitez-en pour traiter vos mails, envoyer des textos, prendre des rendez-vous (chez le dentiste, justement), faire vos listes (de courses, de trucs à faire pour organiser les prochaines vacances, etc.).

Pour être toujours connectée, ayez dans votre voiture :
★ un chargeur de voiture pour le portable...

★ un kit « main libre ». Si vous ne pouvez pas vous empêcher de répondre ou de téléphoner au volant, c'est indispensable. Il existe maintenant des petits kits avec micro et haut-parleur intégrés qui se fixent sur le pare-soleil et reconnaissent immédiatement votre

téléphone via le Bluetooth. Pratique, vous l'emportez avec vous d'une voiture à l'autre.

3. Détendez-vous dans votre voiture

Vous pouvez lire votre magazine préféré ou un roman (vous vous plaignez de n'avoir jamais le temps de lire), écouter votre playlist ou jouer à votre jeu de prédilection sur Smartphone. Et tant qu'à faire, prenez un mug isotherme rempli de votre boisson préférée !

4. Faites vos courses

Une heure à perdre pendant le cours de danse de Rose ? Filez au supermarché du coin ou chez Picard remplir votre panier, ou bien occupez-vous des petites corvées : pressing, cordonnier, banque… Ayez toujours dans la voiture un jeton pour le chariot et vos sacs de courses.

— Les Astuces — DE LA COMMUNAUTÉ
Femmes Débordées

Chrystel

On peut survivre au marathon des activités !

Pendant que mon fils fait du sport, 3 fois par semaine, je prends du temps pour moi ou je fais des courses.

Pendant ses entraînements de foot, je pars faire de la marche quand le temps le permet, ou bien je m'installe dans la voiture avec ma couverture, mon mini coussin et je fais une séance de relaxation avec mon MP3 ou je bouquine.

Pendant les matchs du week-end, j'essaie de rentabiliser les déplacements : on pique-nique sur place, c'est sympa, et s'il y a quelque chose à faire ou à voir à proximité, on y va après les matchs.

♛ Voyez vos copines

Vous avez quelques copines dans la même situation que vous ? Trouvez un créneau commun pour vous retrouver : au troquet du coin en attendant la fin du cours de Rose, ou chez l'une ou l'autre, c'est vous qui voyez.

5. Bullez

Au lieu d'étendre le linge entre deux allers-retours, reposez-vous sur le canapé avec un petit thé en hiver, et sur un transat, au soleil, dans votre jardin ou au parc, en été !

Et si vraiment ces mercredis sont trop pénibles, réduisez l'année d'après les activités des enfants. Après tout, le mercredi off, **C'EST POUR VOUS AUSSI !**

7 TRUCS À METTRE DANS LA VOITURE POUR LE CONFORT DES ENFANTS

1. En hiver, autant de petites couvertures polaires que d'enfants. Indispensables les matins d'hiver pour qu'ils s'y glissent quand la voiture est encore gelée, même pour 5 minutes de trajet.

2. En été, un brumisateur qui va les rafraîchir avant que la clim soit active.

3. Des lingettes nettoyantes dans la boîte à gants. Bien utiles pour nettoyer bouches et mains quand ils ont fini de goûter (attention, elles sèchent rapidement une fois le paquet ouvert).

4. Des mouchoirs en papier. Une évidence, il y en a toujours un qui a le nez qui coule ou les mains sales.

5. Un protège-dossier pour qu'ils ne le salissent pas. Un modèle avec une pochette est très bien pour qu'ils y mettent quelques affaires.

6. Des sacs à vomi, indispensables si les enfants sont sujets au mal des transports.

7. Des CD ou une playlist, sur le téléphone, de chansons qui leur plaisent, notamment pour votre bébé qui s'énerve parce que c'est bientôt l'heure du déjeuner.

8. Quelques bonbons qui peuvent vous sauver la mise et vous éviter la crise de nerfs si vous êtes coincés dans les embouteillages.

— Les Astuces —
DE LA COMMUNAUTÉ
Femmes Débordées

.... Véro ....

Nous on a une « boîte à beurk » : c'est une boîte façon Tupperware® dans laquelle on met un petit sac (un sac de congélation totalement étanche). La boîte est plus facile à tenir qu'un sac... En cas de besoin, c'est prêt à l'emploi ! Et une fois le sac fermé et jeté, la boîte reste propre pour en accueillir un nouveau.

★ BONUS ! RENTRÉE DES CLASSES EN MODE OR-GA-NI-SÉE !

Profitez des derniers jours de répit avant le grand rush de la rentrée pour s'avancer, voilà la clé d'une rentrée zen et sereine (ou presque) !

♛ Prenez rendez-vous (idéalement en juin pour fin août) chez le médecin pour les enfants

★ Visite de routine après les vacances pour un check-up complet, des oreilles aux pieds (plats ou pas)

★ Récupération de l'attestation médicale dont ils ont besoin pour… le tennis, le judo ou la natation. Et HOP, d'une pierre 2 coups !

★ Même topo chez le dentiste : démarrer l'année sans carie en vue et avec un petit rappel sur la nécessité de se laver les dents 2 fois par jour, ça ne fait pas de mal !

♛ Triez les affaires d'école

Avant d'acheter les fournitures scolaires et avant que les cours reprennent, faite un état des lieux :

★ de ce qu'il faut jeter (cahiers qu'ils ne regarderont plus jamais, crayons foutus, classeur cassé),

★ de ce qu'il faut garder (le cahier de ses progrès en CP, le manuel d'anglais)

★ de ce que l'on peut récupérer pour la nouvelle année (pochettes Canson, peinture à peine entamée, trousse comme neuve une fois passée à la machine).

♛ Achetez les fournitures scolaires le plus en amont possible

★ Achetez déjà ce que vous pouvez avant la rentrée, vous éviterez la rupture du cahier petits carreaux format européen rouge et le monde dans les rayons ! De plus en plus de sites internet proposent à partir de la liste scannée ou envoyée en photo une sélection directe des articles de la liste. SUPER PRATIQUE !

★ Profitez-en aussi pour acheter les tenues de judo, de foot ou de danse avant les ruptures de stock de début septembre !

♛ *Faites un tour sur le net ou en boutique pour rhabiller les enfants pour la rentrée !*

★ Et d'une, ils aiment bien avoir des nouvelles fringues pour la rentrée.

★ Et de deux, ils sont encore disponibles, J-5 avant les invit chez les copains et les activités !

★ Et de trois, comme tous les étés, ils ont grandi en cm et en pointure ! Du coup, ils n'ont plus rien à se mettre... Et de quatre, il y a souvent des promos qui se terminent fin août.

♛ *Faites un tour au photomaton pour leur tirer le portrait.*

Comme ça, vous ne serez pas prise au dépourvu pour l'étiquette du portemanteau ou le cahier de correspondance ! Bonne idée : garder une photo et la coller avec celles des années précédentes ! Trop drôle tous ces photomatons d'une année à l'autre !

♛ *Faites de la place pour la nouvelle année.*

Si vos enfants sont ou entrent au collège ou lycée, investissez dans un meuble ou une caissette à tiroir (comme au bureau) pour classer les cahiers par matière et leur permettre de s'organiser au mieux ! Indispensable aussi pour faire le cartable et ainsi éviter les oublis de matériel et de cahiers !

♛ *Remettez les enfants dans le bain en douceur*

Pour les plus petits, notamment ceux qui entrent en maternelle ou en CP, décrivez une journée type avec ses différentes activités. Pourquoi ne pas acheter un livre sur la rentrée des classes qui lui permettra de dédramatiser cette rentrée ? Pour une première rentrée ou un changement d'école, quelques jours avant la rentrée, montrez-lui où se trouve son école et faites le trajet ensemble.

♛ *Recalez-les niveau horaire et rythme de sommeil.*

Une semaine avant la rentrée, il faut commencer à avancer l'heure de coucher et de lever pour retrouver un rythme proche des horaires de l'école. Le temps de sommeil idéal est de 11 heures pour les enfants du primaire, 10 heures pour ceux du secondaire et 9 heures pour les ados au lycée, selon la pédiatre Edwige Antier.

RECETTES ET MENUS

★ DES FEMMES DÉBORDÉES ★

Voici les recettes délicieuses de notre communauté, vite prêtes qui régaleront 4 personnes pour vos dîners express. Vous ne serez plus jamais à court d'idées !

☆ SOMMAIRE DES RECETTES ☆

LES SALADES EXPRESS — 154
- ★ Vinaigrette toute simple — 154
- ★ Salade printanière de Stéphanie — 154
- ★ Exquise laitue au bleu de Yamina — 154
- ★ Endives et pommes d'Aline — 154
- ★ Salade composée de Valérie — 155
- ★ Salade d'été quinoa de Claudia — 155
- ★ Salade César de Céline — 155
- ★ Salade « chevrichette » de Himeri — 155
- ★ Salade alsacienne d'Isabelle — 156
- ★ Salade grecque — 156
- ★ Salade exotique de Nathalie — 156

LES TARTES PAS TARTES ! — 157
- ★ Faire cuire une pâte à blanc — 157
- ★ Tarte au cantal de Séverine — 157
- ★ Tarte thon ratatouille pour les soirs super speed de Sophie — 157
- ★ Quiche lorraine au Saint Morêt® de Marjorie — 157
- ★ Tarte tomate-mozza de Sandra — 158
- ★ Tarte au saumon de Myriam — 158
- ★ Tarte aux épinards d'Estelle — 158
- ★ La quiche lorraine de Valérie — 158
- ★ Tarte aux fromages de Céline — 158
- ★ Tarte au thon de Laura — 159
- ★ Clafoutis de chou-fleur et brocolis de Magalie — 159

LES SOUPES MAISON POUR MAMANS PRESSÉES — 160
- ★ Soupe de légumes maison en 5 min chrono de Céline — 160
- ★ Soupe courgettes spécial jolies gambettes — 160
- ★ Soupe de potiron d'Alexandra — 160

- ★ Soupe de petits pois de Nanie — 160
- ★ Soupe 4 K pour 4 de Sylvie — 161
- ★ Soupe de légumes express d'Édith — 161
- ★ Soupe de carottes et lentilles corail de Christelle — 161
- ★ Soupe carottes-tomates de Céline — 161
- ★ Soupe courgettes-coriandre d'Anne — 161
- ★ Soupe blanche de Camora — 161

LES PLATS À FOND LA CAISSE — 162
- ★ Risotto express de Corinne — 162
- ★ Croquettes de thon de Marina — 162
- ★ Aubergines à la parmigiana de Claire — 162
- ★ Pommes de terre farcies au chèvre de Natacha — 162
- ★ Gratin de courgettes et viande hachée d'Aline — 163
- ★ Gratin florentin de Véronique — 163
- ★ Porc au caramel express de Valoche — 163
- ★ Œufs cocottes au saumon de Mary — 163
- ★ Poulet au curry d'Anna — 163

LES PASTAS DES MAMMAS À COURT D'IDÉES ! — 164
- ★ One Pot Pasta d'Aurélie — 164
- ★ Gratin de pâtes thon-tomates de Carole — 164
- ★ Pâtes champignons-poulet — 164
- ★ Pâtes saumon-thon d'Élodie — 164
- ★ Pâtes aux courgettes de Magali — 165
- ★ Les carbonara express de Chrystel — 165
- ★ Spaghettis bolo rapides de Julie — 165
- ★ Tagliatelles au poulet mariné et à la crème de Sarah — 165
- ★ Lasagnes au thon de Laure — 165
- ★ Les pâtes au chorizo de Myriam — 165

LES SALADES EXPRESS

Les salades, on en est fan, parce que c'est bon pour la santé, c'est facile à préparer et ça fait un plat complet (O.K. sauf si on a des gros mangeurs à la maison !)

★ **Vinaigrette toute simple**

2 CUIL. À SOUPE DE VINAIGRE DE VIN OU BALSAMIQUE - 1 CUIL. À CAFÉ DE MOUTARDE - 4 CUIL. À SOUPE D'HUILE DE VOTRE CHOIX - SEL ET POIVRE

Dans un bol ou au fond d'un saladier, versez le vinaigre de vin, la moutarde, salez et poivrez selon vos goûts puis mélangez. Versez l'huile et mélangez vivement jusqu'à l'obtention d'une émulsion.

Pour plus de goût, ajoutez de l'échalote que vous aurez finement ciselée ou faites varier les huiles (noix, noisette, sésame, etc.).

★ **Salade printanière de Stéphanie**

2 AVOCATS - 300 G DE CREVETTES ROSES - 1 BOTTE DE RADIS LAVÉE - 1 SALADE FEUILLE DE CHÊNE LAVÉE

Découpez les avocats en petits morceaux et les radis en rondelles.

Mélangez-les dans un saladier avec la salade puis ajoutez les crevettes et la vinaigrette.

★ **Exquise laitue au bleu de Yamina**

100 G DE MAÏS - 3 TOMATES - 150 G DE FROMAGE BLEU TYPE SAINT-AGUR® - 100 G DE CERNEAUX DE NOIX - 10 OLIVES NOIRES - 1 LAITUE LAVÉE

Égouttez le maïs, coupez les tomates en fines rondelles, et le fromage en dés.

Dans un saladier, mélangez le maïs, les tomates, le fromage, les cerneaux de noix, les olives et la laitue. Assaisonnez avec une vinaigrette au vinaigre de noix.

★ **Endives et pommes d'Aline**

3 ENDIVES - 100 G DE GRUYÈRE - 250 G DE CHAMPIGNONS DE PARIS FRAIS - 1 POMME - 200 G DE DÉS DE JAMBON - 10 CERNEAUX DE NOIX

Coupez les endives puis taillez le gruyère en cubes. Nettoyez les champignons de Paris et coupez-les en lamelles. Épluchez une pomme et coupez-la en fines rondelles.

Dans un saladier mélangez tous les ingrédients. Assaisonnez avec une vinaigrette.

★ Salade composée de Valérie

1 SALADE ICEBERG OU CŒUR DE LAITUE - 2 TOMATES - 100 G DE GRUYÈRE - 200 G DE DÉS DE JAMBON - PIGNONS DE PIN

Lavez la salade dans une eau vinaigrée. Coupez le gruyère en cubes. Lavez et coupez les tomates en quartiers.

Dans un saladier mélangez la salade, les tomates, les cubes de gruyères, et les dès de jambon. Assaisonnez avec une vinaigrette puis ajoutez les pignons.

★ Salade d'été quinoa de Claudia

250 G DE QUINOA LAVÉ - 3 TOMATES - 1/2 CONCOMBRE - 1 BOÎTE DE THON DE 160 G - 1 PETIT OIGNON ROUGE COUPÉ EN FINES LAMELLES

Faites cuire le quinoa dans un peu moins du double de son volume d'eau salée le temps indiqué sur le paquet. Laissez-le gonfler 5 min puis égouttez.

Lavez et coupez les tomates en dés et le concombre en cubes. Égouttez le thon puis émiettez-le dans un saladier.

Ajoutez les tomates, le concombre, l'oignon puis le quinoa et mélangez le tout. Assaisonnez avec une vinaigrette.

★ Salade César de Céline

1 SALADE VERTE (DE VOTRE CHOIX) LAVÉE - 200 G D'AIGUILLETTES DE POULET - 100 G DE CROÛTONS À L'AIL - 100 G DE COPEAUX DE PARMESAN

POUR LA VRAIE SAUCE CÉSAR :
1 GOUSSE D'AIL DÉGERMÉE - 1 PETITE BOÎTE D'ANCHOIS - LE JUS DE 1 CITRON - 1 CUIL. À CAFÉ DE MOUTARDE - 15 CL D'HUILE D'OLIVE

Préparez la sauce : mixez l'ail avec les anchois, puis versez dans un saladier. Ajoutez 3 cuil. à soupe de jus de citron et 1 cuil. à soupe de moutarde. Versez progressivement l'huile d'olive et mélangez le tout à l'aide d'un batteur.

Faites revenir le poulet dans une poêle antiadhésive.

Dans un saladier, mélangez salade, croûtons et parmesan. Assaisonnez avec la sauce, et ajoutez le poulet tiède.

★ Salade « chevrichette » de Himeri

4 CHÈVRES CHAUDS PANÉS (DÉJÀ PRÉPARÉS) - 1 SACHET DE SALADE DE 150 G - 100 G DE CERNEAUX DE NOIX - 100 G DE CROÛTONS NATURE

Faites cuire les chèvres dans une poêle pendant 2 à 4 min.

Dans un saladier ajoutez la salade, les noix, et les croûtons. Assaisonnez avec une vinaigrette (ci contre) à base de vinaigre de miel et de vinaigre balsamique.

Posez les chèvres chauds sur la salade. Pour les gourmands vous pouvez ajouter du jambon cru ou de la coppa.

★ Salade alsacienne d'Isabelle

8 POMMES DE TERRE - 2 OIGNONS - 200 G DE LARDONS - 250 G DE MÂCHE

Faites cuire les pommes de terre à l'eau. Une fois refroidies, épluchez-les puis coupez-les en rondelles. Émincez les oignons en fines rondelles.

Faites cuire dans une poêle avec un peu d'huile les oignons et les lardons. Dans un saladier, mélangez la mâche, les rondelles de pommes de terre, les oignons et les lardons.

Enfin assaisonnez avec une vinaigrette. Pour une salade plus consistante, ajoutez des œufs durs et des croûtons.

★ Salade grecque

4 TOMATES - 1 CONCOMBRE - 1 POIVRON - 15 OLIVES NOIRES - 2 PETITS OIGNONS BLANCS NOUVEAUX - 200 G DE FETA

POUR L'ASSAISONNEMENT : LE JUS DE 1 CITRON - 3 CUIL. À SOUPE D'HUILE D'OLIVE

Coupez les tomates en quartier, le concombre en cubes et le poivron en lamelles.

Coupez la feta en cubes assez gros (pour qu'elle ne s'effrite pas) puis ajoutez, ainsi que les olives noires, dans le saladier.

Dans un bol, pressez le citron et ajoutez l'huile d'olive en fouettant. Juste avant de servir, arrosez la salade de cette sauce citronnée.

★ Salade exotique de Nathalie

300 G DE CREVETTES DÉCORTIQUÉES - 1 AVOCAT - 1 CONCOMBRE - 1 POMELO - 10 CACAHUÈTES CONCASSÉES - CORIANDRE

Coupez l'avocat et le concombre en petits cubes.

Épluchez le pomelo en prenant soin de retirer la peau blanche, puis taillez-le en dès d'environ 1 cm.

Versez dans un saladier tous les ingrédients et ajoutez une vinaigrette faite sans moutarde. Saupoudrez avec les cacahuètes concassées

Lavez et hachez la coriandre mais servez-la à part, son goût peut déplaire à certains.

LES TARTES PAS TARTES !

La tarte salée, c'est la bonne idée ! Facile, rapide, accompagnée d'une petite salade et le tour est joué ! L'astuce de Femmes Débordées pour que la pâte ne soit pas molle : la cuire à blanc, c'est-à-dire la précuire un peu avant d'y mettre la garniture.

★ Faire cuire une pâte à blanc

Préchauffez le four à 180 °C. Étalez la pâte dans un moule, piquez-la à la fourchette et recouvrez-la de papier cuisson. Versez et étalez des haricots secs ou des billes de cuisson sur le papier pour éviter que la pâte ne gonfle. Enfournez 10 à 12 min (elle doit être juste dorée).

★ Tarte au cantal de Séverine

1 PÂTE FEUILLETÉE - 5 TOMATES - 3 CUIL. À SOUPE DE MOUTARDE - 150 G DE CANTAL - HERBES DE PROVENCE

Faites cuire la pâte à blanc. Étalez la moutarde sur le fond de pâte. Coupez en lamelles le cantal et les tomates.

Disposez d'abord le cantal sur le fond de tarte puis recouvrez des rondelles de tomates. Saupoudrez les herbes de Provence. Enfournez à 180 °C pendant 10 à 15 min.

★ Tarte thon ratatouille pour les soirs super speed de Sophie

1 PÂTE BRISÉE - 1 BOÎTE DE THON - 375 G DE RATATOUILLE EN CONSERVE - 3 CUIL. À SOUPE DE MOUTARDE

Faites cuire la pâte à blanc. Étalez la moutarde sur le fond de tarte. Égouttez le thon ainsi que la ratatouille, puis mélangez-les.

Versez le tout sur la pâte et enfournez à 180 °C pendant 40 min environ.

★ Quiche lorraine au Saint Morêt® de Marjorie

1 PÂTE BRISÉE - 1 OIGNON - 100 G DE GRUYÈRE RÂPÉ - 200 G DE LARDONS FUMÉS - 250 G DE SAINT MORÊT® - 20 CL DE CRÈME LIQUIDE - 4 ŒUFS

Faites cuire la pâte à blanc. Émincez l'oignon, puis parsemez-le sur le fond de tarte avec le gruyère et les lardons, de façon à recouvrir toute la surface.

Dans un saladier, battez les œufs avec le Saint Morêt® et la crème. Versez la préparation sur le fond de tarte. Enfournez à 180 °C pendant 30 min.

★ Tarte tomate-mozza de Sandra

1 PÂTE BRISÉE OU FEUILLETÉE - 2 TOMATES RONDES - 1 POIVRON - 200 G DE LARDONS - 125 G DE MOZZARELLA - 3 ŒUFS - 4 CUIL. À SOUPE DE CRÈME FRAÎCHE ÉPAISSE - 1 CUIL. À SOUPE DE FÉCULE DE MAÏS - 1 CUIL. À CAFÉ D'ORIGAN - 1 CUIL. À CAFÉ DE PAPRIKA - SEL ET POIVRE

Faites cuire la pâte à blanc. Lavez les légumes sous l'eau, puis coupez les tomates en rondelles et le poivron en lamelles. Disposez tomates, poivron puis lardons sur le fond de tarte.

Dans un saladier, mélangez la crème, les œufs et la fécule puis ajoutez sel, poivre, origan et paprika. Versez la préparation sur la pâte et recouvrez avec la mozzarella en tranches. Enfournez à 180 °C pendant 20 min.

★ Tarte au saumon de Myriam

1 PÂTE FEUILLETÉE OU BRISÉE - 3 TRANCHES DE SAUMON FUMÉ - 3 ŒUFS - 20 CL DE CRÈME FRAÎCHE LIQUIDE - 10 CL DE LAIT - 100 G DE GRUYÈRE RÂPÉ - HERBES AROMATIQUES

Faites cuire la pâte à blanc. Coupez le saumon fumé en dés. Dans un saladier, battez les œufs avec la crème fraîche et le lait.

Versez la préparation sur le fond de tarte. Saupoudrez d'herbes (selon les goûts) et de gruyère râpé. Enfournez à 180 °C pendant 30 min environ.

★ Tarte aux épinards d'Estelle

1 PÂTE BRISÉE OU FEUILLETÉE - 600 G D'ÉPINARDS SURGELÉS - 3 ŒUFS - 10 CL DE CRÈME FRAÎCHE ÉPAISSE - 250 G DE RICOTTA - 100 G D'EMMENTAL RÂPÉ - SEL ET POIVRE

Faites cuire la pâte à blanc. Faites cuire les épinards à la vapeur (de préférence dans un panier).

Battez les œufs et la crème dans un saladier. Ajoutez la ricotta et les épinards, salez et poivrez. Verser la préparation sur le fond de tarte. Enfournez à 180 °C pendant 30 min environ.

★ La quiche lorraine de Valérie

1 PÂTE BRISÉE - 200 G DE LARDONS - 3 ŒUFS - 20 CL DE CRÈME ÉPAISSE - 20 CL DE LAIT

Faites cuire la pâte à blanc. Dans une poêle antiadhésive, faites rissoler les lardons, puis égouttez-les et étalez-les sur le fond de tarte. Battez les œufs, le lait, la crème dans un saladier. Salez et poivrez.

Versez la préparation sur le fond de tarte. Enfournez à 180 °C pendant 30 à 40 min.

★ Tarte aux fromages de Céline

1 PÂTE BRISÉE OU FEUILLETÉE - 200 G DE FROMAGE DE CHÈVRE - 150 G DE GRUYÈRE - 3 ŒUFS - 20 CL DE CRÈME LIQUIDE - 25 CL DE LAIT

Faites cuire la pâte à blanc. Battez les œufs, le lait, la crème dans un saladier, salez et poivrez. Coupez la bûche de chèvre en tranches, puis disposez-les sur le fond de tarte.

Étalez le gruyère râpé, puis versez la préparation sur la pâte. Enfournez à 180 °C pendant 30 min.

★ Tarte au thon de Laura

1 PÂTE BRISÉE - 3 ŒUFS - 20 CL DE CRÈME LIQUIDE - 150 G DE THON EN CONSERVE - 50 G DE CONCENTRÉ DE TOMATE - 1 PETITE GOUSSE D'AIL DÉGERMÉE - 100 G DE GRUYÈRE RÂPÉ

Faites cuire la pâte à blanc. Dans un saladier, battez les œufs avec la crème. Égouttez le thon, puis ajoutez-le à la préparation ainsi que le concentré de tomate. Écrasez la gousse d'ail et ajoutez-la, avec le gruyère râpé. Salez, poivrez et mélangez.

Versez la préparation sur le fond de tarte. Enfournez à 180 °C pendant 30 min environ.

★ Clafoutis de chou-fleur et brocolis de Magalie (l'intrus des tartes !)

800 G DE CHOU-FLEUR ET BROCOLIS SURGELÉS - 200 G DE FROMAGE BLANC - 4 ŒUFS - 100 G DE GRUYÈRE, DE PARMESAN OU DE ROQUEFORT - 125 G DE MOZZARELLA - 200 G DE LARDONS - SEL ET POIVRE

Décongelez les sachets de chou-fleur - brocolis au micro-ondes dans un plat allant au four puis retirez le trop-plein d'eau. Battez les œufs avec le fromage blanc, salez et poivrez.

Faites dorer les lardons à la poêle. Ajoutez-les ainsi que le fromage sur les légumes et versez-y la préparation. Recouvrez de mozzarella en tranches. Faites cuire au four à 200 °C environ 40 min.

LES SOUPES MAISON POUR MAMANS PRESSÉES

Une bonne soupe pleine de bons légumes, avec une pointe de crème, au coin du feu… Oui ! Sauf qu'on aimerait bien changer de notre sempiternelle pommes de terre-poireaux ! Alors voilà des idées de soupes pour étonner toute la famille devant son bol !

★ Soupe de légumes maison en 5 min chrono de Céline

LÉGUMES TYPE « LÉGUMES POUR POT-AU-FEU » OU « LÉGUMES POUR POTÉE » OU LÉGUMES SURGELÉS TYPE « LÉGUMES POUR POTAGE » - 10 CL DE CRÈME LIQUIDE - 1 BOUILLON CUBE - SEL ET POIVRE

Épluchez et coupez les légumes en morceaux. Versez-les dans une cocotte, puis couvrez d'eau à hauteur et ajoutez le bouillon cube.

Laissez cuire 15 min, mixez, ajoutez une pointe de crème fraîche liquide en touche finale, salez et poivrez.

★ Soupe courgettes spécial jolies gambettes

4 COURGETTES - 1 POIVRON - 1 BOUILLON CUBE - 5 FROMAGES FONDUS TYPE VACHE QUI RIT®

Épluchez les courgettes et coupez-les en rondelles. Passez le poivron sous l'eau, puis videz-le des pépins et coupez-le.

Versez les légumes dans une cocotte, puis couvrez à hauteur avec de l'eau et ajoutez le bouillon cube. Laissez cuire 15 min, mixez, et ajoutez les Vache qui rit®.

★ Soupe de potiron d'Alexandra

600 G DE CUBES DE POTIRON - 2 OIGNONS - 1 BOUILLON CUBE - 10 CL DE CRÈME FRAÎCHE - SEL, POIVRE, NOIX DE MUSCADE

Émincez les oignons et faites les revenir dans une poêle antiadhésive. Dans une cocotte, versez le potiron et les oignons puis couvrez à hauteur avec de l'eau et ajoutez le bouillon cube.

Laissez cuire 20 min puis mixez. Ajoutez une pointe de crème fraîche. Salez et poivrez et ajoutez quelques pincées de noix de muscade.

★ Soupe de petits pois de Nanie

1 OIGNON - 1 ÉCHALOTE - 500 G DE PETITS POIS SURGELÉS - 1 BOUILLON CUBE OR - 3 CUIL. À SOUPE DE CRÈME FRAÎCHE - SEL, POIVRE

Dans une poêle antiadhésive, faire revenir l'oignon et l'échalote émincés. Dans une cocotte, versez les petits pois, l'oignon, l'échalote et couvrez à hauteur d'eau. Puis ajoutez le bouillon cube.

Laissez cuire 15 min. Mixer en ajoutant la crème fraîche. Salez et poivrez.

★ Soupe 4 K pour 4 de Sylvie

5 À 6 CAROTTES - 1 OIGNON - 1/2 CUIL. À CAFÉ DE CURRY - 1/2 CUIL. À CAFÉ DE CUMIN - 1 BOUILLON CUBE - 3 KIRI® OU VACHE QUI RIT®

Épluchez les carottes et coupez-les en rondelles. Émincez l'oignon et faites le revenir dans une poêle antiadhésive.

Dans une cocotte, versez les carottes et l'oignon. Couvrez à hauteur d'eau et mettez le bouillon cube. Laissez cuire 15 min. Ajoutez les épices, le Kiri® et mixez.

★ Soupe de légumes express d'Édith

1 BOÎTE DE 530 G DE MACÉDOINE DE LÉGUMES - 15 CL DE CRÈME FRAÎCHE - 1 BOUILLON CUBE

Égouttez les légumes. Versez les légumes et le bouillon cube dans une casserole contenant 30 cl d'eau bouillante. Attendez que l'eau bouille à nouveau. Mixez en ajoutant la crème fraîche.

★ Soupe de carottes et lentilles corail de Christelle

5 CAROTTES - 1 OIGNON - 150 G DE LENTILLES CORAIL - 1 BOUILLON CUBE - 20 CL DE LAIT DE COCO

Épluchez les carottes et coupez-les en rondelles. Émincez un oignon et faites le revenir à la poêle.

Dans une cocotte, mettez l'oignon, les carottes et les lentilles corail à cuire avec le bouillon cube dans 80 cl d'eau et 10 cl de lait de coco.

Faites cuire jusqu'à ce que les carottes soient fondantes. Ajoutez le reste du lait de coco en fin de cuisson et mixez le tout.

★ Soupe carottes-tomates de Céline

6 CAROTTES - 1 BOÎTE DE TOMATES PELÉES - 3 POMMES DE TERRE MOYENNES - 2 OIGNONS - 1 BOUILLON CUBE

Épluchez et coupez les carottes en rondelles. Coupez les tomates en morceaux. Épluchez les pommes de terre et coupez-les en morceaux. Émincez les oignons et faites-les revenir à la poêle.

Dans une cocotte, couvrez les légumes avec de l'eau et ajoutez le bouillon cube. Laissez cuire 15 min puis mixez.

★ Soupe courgettes-coriandre d'Anne

4 COURGETTES - ½ BOUQUET DE CORIANDRE FRAÎCHE OU SURGELÉE CISELÉ - 1 BOUILLON CUBE - 2 À 3 KIRI®

Épluchez les courgettes puis coupez-les en rondelles. Dans une cocotte, versez les courgettes puis couvrez à hauteur d'eau et ajoutez le bouillon cube. Égouttez les courgettes en conservant l'eau de cuisson.

Mixez les courgettes et ajouter l'eau de cuisson jusqu'à obtenir la consistance désirée. Ajoutez le fromage frais, la coriandre, sel et de poivre et mixez à nouveau.

★ Soupe blanche de Camora

150 CL DE LAIT - ¼ CHOU-FLEUR - 2 BLANCS DE POIREAUX - 1 POMME DE TERRE - 1 NAVET - 1 FENOUIL - 1 BOUILLON CUBE - SEL ET POIVRE

Dans un faitout, versez le lait et ajoutez le sel et le poivre. Épluchez et coupez les légumes en morceaux. Ajoutez-les dans le faitout de lait avec le bouillon cube. Laissez cuire jusqu'à ce que les légumes soient fondants et mixez le tout.

LES PLATS À FOND LA CAISSE

Voici des plats complets bien rassasiants même pour le plus vorace des ados ! Pratique pour prévoir un dîner sans se prendre la tête...

★ Risotto express de Corinne

2 VERRES DE RIZ ARBORIO POUR RISOTTO - 2 TOMATES - 2 POIVRONS - 1 BOUILLON DE VOLAILLE - HUILE D'OLIVE - SEL, POIVRE ET UNE POINTE DE CURRY

Coupez les tomates en morceaux, et les poivrons en lamelles. Dans une cocotte, mettez un peu d'huile et faites revenir le riz quelques minutes. Quand il devient translucide ajoutez les morceaux de tomates et de poivrons.

Versez 5 verres d'eau, puis ajoutez le cube de volaille, le sel, le poivre et le curry.

Fermez la cocotte, quand elle siffle baissez le feu et comptez environ 10 min.

★ Croquettes de thon de Marina

2 ŒUFS - 1 BOÎTE DE 160 G THON - 40G DE FARINE - 1 SACHET DE LEVURE CHIMIQUE - CHAPELURE - 40G DE FROMAGE RÂPÉ - ÉPICES SELON VOTRE GOÛT

Dans un saladier, battez les 2 œufs. Égouttez le thon, émiettez-le dans le saladier puis ajouter la farine et la levure.

Ajoutez le thon égoutté et émietté, farine et levure. Mélangez.

Ajoutez épices et fromage râpé. Mélangez. Formez des petites boules et roulez-les dans la chapelure. Faites cuire une dizaine de minutes à la poêle. dans un peu d'huile.

★ Aubergines à la parmigiana de Claire

100 G DE PARMESAN RÂPÉ - 600 G D'AUBERGINES GRILLÉES SURGELÉES - 4 TRANCHES DE JAMBON CRU - 400 G DE TOMATES CONCASSÉES EN CONSERVE - 20 CL DE CRÈME LIQUIDE - 8 À 12 PLAQUES DE LASAGNE

Recouvrez le fond d'un plat d'un peu de tomates et de crème pour que les aubergines n'attachent pas. Disposez en couches successives : aubergines, jambon cru, tomates, parmesan, plaques de lasagne. Terminez avec des tomates et saupoudrez le parmesan. Faites cuire au four à 200 °C environ 20 min.

★ Pommes de terre farcies au chèvre de Natacha

4 GROSSES POMMES DE TERRE - 100 G DE LARDONS 1 ÉCHALOTE - 60 À 70 G DE CHÈVRE FRAIS - 50 CL DE CRÈME FRAÎCHE - COMTÉ RÂPÉ

Faites cuire les pommes de terre à l'eau. Une fois cuites, coupez un capuchon sur le dessus. Videz-les à la cuillère, réservez la chair.

Épluchez l'échalote et émincez-la. Faites revenir les lardons et l'échalote à la poêle. Mélangez chèvre, lardons, échalote, crème et chair de pomme de terre.

Garnissez les pommes de terre de ce mélange. Parsemez de fromage râpé. Enfournez à 180 °C pendant 10 à 15 min.

★ Gratin de courgettes et viande hachée d'Aline

2 À 3 COURGETTES - 300 G DE VIANDE HACHÉE - 200 G DE PURÉE DE TOMATES - 2 CUIL. À SOUPE D'AIL EN POUDRE - 150 G DE GRUYÈRE RÂPÉ

Épluchez les courgettes puis coupez-les en rondelles. Puis faites les cuire à la cocotte quelques minutes. Faites revenir la viande hachée. Salez, poivrez et saupoudrez d'ail en poudre.

Ajoutez la purée de tomates. Dans un plat à gratin, mettez les courgettes puis le mélange de viande et enfin le gruyère. Enfournez pendant 40 min environ à 180 °C.

★ Gratin florentin de Véronique

250 G DE POMMES DE TERRE ÉPLUCHÉES - 1 CHORIZO OU 6 TRANCHES DE JAMBON CRU - 1 KG D'ÉPINARDS SURGELÉS - 20 CL DE CRÈME FRAÎCHE - 100 G DE FROMAGE RÂPÉ

Décongelez les épinards au micro-ondes et faites cuire les pommes de terre à l'eau.

Une fois refroidies, coupez les pommes de terre en lamelles.

Dans un plat à gratin, disposez une couche de pommes de terre cuites, le chorizo (ou jambon), les épinards et la moitié de la crème fraîche, une couche de pommes de terre cuites, le reste de crème fraîche puis le fromage râpé et enfournez pour 15 min à 180 °C.

★ Porc au caramel express de Valoche

30 MORCEAUX DE SUCRE BLANC - 50 CL D'EAU - 800 G D'ÉCHINE DE PORC EN MORCEAUX - 1 CUIL. À SOUPE DE SAUCE NUOC-MÂM - 1 CUIL. À SOUPE DE SAUCE SOJA

Dans un faitout, faites chauffer les 30 morceaux de sucre avec 10 cl d'eau et laissez caraméliser. Coupez le rôti en morceaux. Quand le caramel est prêt, ajoutez le reste de l'eau petit à petit avec la sauce Nuoc-mâm et la sauce soja et remuez bien. Ajoutez la viande, et laissez cuire à feu doux pendant 20 min. Servez avec du riz.

★ Œufs cocottes au saumon de Mary

4 ŒUFS - 2 TRANCHES DE SAUMON FUMÉ - 15 CL DE CRÈME FRAÎCHE ÉPAISSE - SEL, POIVRE, ANETH

Dans un petit moule individuel beurré, tapissez le fond d'1/2 tranche de saumon.

Ajoutez 1 œuf, une cuillère à soupe de crème fraîche, du sel, du poivre, de l'aneth. Recouvrez de gruyère. Enfournez à 220 °C pendant 10 à 15 min.

★ Poulet au curry d'Anna

4 BLANCS DE POULET - 100 G D'OIGNONS SURGELÉS - 2 CUIL. À CAFÉ DE CURRY EN POUDRE - 20 CL DE LAIT DE COCO - CORIANDRE SURGELÉE, SEL

Coupez les filets de poulet en morceaux. Faites-les revenir à feu vif jusqu'à ce qu'ils soient dorés.

Rajoutez les oignons, baissez le feu, et laissez cuire quelques minutes. Saupoudrez de curry et mélangez bien. Arrosez de lait de coco. Mélangez et laissez mijoter 5 min.

Ajoutez sel et coriandre surgelée. Servez avec du riz basmati.

LES PASTAS DES MAMMAS À COURT D'IDÉES !

Faire des pâtes, il n'y a pas plus simple mais on manque souvent d'originalité. Alors pour sortir des spaghettis à la bolognaise ou des pâtes à la carbonara, voilà des idées pour être toujours inspirées !

★ One Pot Pasta d'Aurélie

250 G DE TOMATES CERISES - 1 COURGETTE - 1 OIGNON - 400 G DE LINGUINES - 200 G DE LARDONS - 2 CUIL. À SOUPE D'HUILE D'OLIVE - QUELQUES FEUILLES DE BASILIC - PARMESAN

Lavez et coupez les légumes en morceaux. Émincez l'oignon.

Mettez les pâtes crues dans une sauteuse avec les légumes coupés en morceaux et les lardons. Remuez le tout. Recouvrez d'eau à hauteur et portez à ébullition.

Faites bouillir le mélange en remuant régulièrement jusqu'à ce que les pâtes soient al dente et l'eau presque évaporée (10 à 15 min).

★ Gratin de pâtes thon-tomates de Carole

400 G DE MACARONI - 1 BOÎTE DE THON - 1 BOÎTE DE 400 G DE TOMATES PELÉES OU TOMATES FRAÎCHES EN SAISON - 20 CL DE CRÈME LIQUIDE - 2 CUIL. À SOUPE D'HUILE OLIVE - QUELQUES FEUILLES DE BASILIC - 100 G DE GRUYÈRE RÂPÉ

Faites cuire les pâtes. Dans une poêle, faites revenir le thon et les tomates avec l'huile d'olive et le basilic. Dans un plat disposez une couche de pâte, une couche de mélange thon/tomates puis finissez avec une couche de pâtes.

Arrosez de crème liquide, et ajoutez du gruyère. Faites gratiner au four pendant 15 min à 200 °C.

★ Pâtes champignons-poulet

400 G DE TAGLIATELLES OU LINGUINES - 300 G DE CHAMPIGNONS SURGELÉS - 300 G D'AIGUILLETTES DE POULET - 150 G DE CRÈME LIQUIDE - 1 CUIL. À SOUPE DE SAUCE SOJA

Faites cuire vos pâtes. Coupez la viande en petits cubes et faites les revenir dans une poêle. Réservez.

Faites cuire les champignons à la poêle en retirant l'eau régulièrement. Quand ils sont presque cuits, rajoutez les cubes de poulets, la crème liquide et la sauce soja. Remuez bien et laissez chauffer 3 min.

★ Pâtes saumon-thon d'Élodie

400 G DE PÂTES AU CHOIX - 200 G DE SAUMON FUMÉ - 1 BOÎTE DE 160 G DE THON - 1 BOÎTE DE 230 G DE CHAMPIGNONS DE PARIS - 20 CL DE VIN BLANC

Mixez le saumon fumé et faites-le revenir dans une poêle. Égouttez le thon et mélangez-le avec les champignons. Ajoutez le mélange au saumon.

Versez un verre de vin blanc. Faites revenir jusqu'à l'absorption complète du vin.

Ajoutez une brique de crème liquide. Versez sur les pâtes et bien mélangez.

★ Pâtes aux courgettes de Magali

3 COURGETTES - 20 CL DE CRÈME LIQUIDE - 400 G DE PÂTES AU CHOIX - HUILE D'OLIVE - SEL ET POIVRE

Épluchez les courgettes et coupez-les en rondelles. Faites-les revenir dans une poêle avec un peu d'huile d'olive.

Une fois cuites, ajoutez la crème, salez et poivrez. Mélangez avec les pâtes au moment de servir.

★ Les carbonara express de Chrystel

400 G DE TAGLIATELLES FRAÎCHES - 200 G DE LARDONS - 2 ŒUFS ENTIERS + 2 JAUNES - 100 G DE PARMESAN - SEL, POIVRE

Faites cuire les pâtes. Faites revenir les lardons dans une poêle. Réservez sur une assiette recouverte de papier absorbant pour enlever l'excédent de graisse.

Dans un saladier, battez les œufs entiers et les jaunes comme une omelette. Une fois les pâtes cuites, égouttez-les en gardant un peu d'eau de cuisson. Versez les pâtes dans un saladier puis ajoutez l'eau de cuisson et les œufs battus. Mélangez.

Ajoutez les lardons, et remuez à nouveau. Salez et poivrez et ajoutez du parmesan.

★ Spaghettis bolo rapides de Julie

500 G DE VIANDE HACHÉE - 1 BOÎTE DE 230 G DE CHAMPIGNONS - 800 G DE SAUCE TOMATE BASILIC - 400 G DE SPAGHETTIS

Faites cuire la viande dans une poêle. Égouttez les champignons puis versez-les dans la poêle. Remuez le tout. Ajoutez les 2 boîtes de sauce tomate basilic. Laissez mijoter pendant 10 min. Pendant ce temps, faites cuire les spaghettis. Mélangez et servez.

★ Tagliatelles au poulet mariné et à la crème de Sarah

4 ESCALOPES DE POULET - LE JUS DE 1 CITRON - 1 BOUILLON DE LÉGUMES - 2 CUIL. À CAFÉ DE THYM EN POUDRE - 2 CUIL. À SOUPE D'HUILE D'OLIVE - 400 G DE TAGLIATELLES

Marinez le poulet avec le thym, le jus de citron et l'huile d'olive au moins 15 min. Faites griller les blancs de poulet des deux côtés. Recouvrez, finissez la cuissons à feu doux et réservez.

Dans la poêle, faites chauffer la crème liquide avec le bouillon cube. Une fois la sauce prête, faites revenir les pâtes cuites et le poulet dans la sauce.

★ Lasagnes au thon de Laure

8 À 12 PLAQUES DE LASAGNES - 1 BOÎTE DE 160 G DE THON - 20 CL DE CRÈME LIQUIDE - 150 G DE GRUYÈRE RÂPÉ - 1 OIGNON - 1 GOUSSE D'AIL DÉGERMÉE - SEL ET POIVRE

Émincez l'ail et l'oignon. Égouttez le thon puis mélangez avec la crème, l'ail, l'oignon, salez et poivrez.

Dans un plat rectangulaire, posez 2 à 3 plaques de lasagne côte à côte puis superposez les couches thon, gruyère, plaques lasagne.

Recommencez la même opération jusqu'en haut du plat, et finissez par le gruyère. Faites cuire 1 heure à 180 °C.

★ Les pâtes au chorizo de Myriam

1 POIVRON ROUGE - 1 CHORIZO - 400 G DE PÂTES AU CHOIX - 200 G DE PESTO ROSSO

Lavez et coupez le poivron en lamelles, et faites-le cuire dans une sauteuse à feu doux. Coupez le chorizo en rondelles puis ajoutez-le au poivron, et faites légèrement revenir. Ajoutez les pâtes et le pesto. Mélangez et servez.

SEMAINE 1

Les Menus
DE LA COMMUNAUTÉ
Femmes Débordées

★ **Lundi** ★

DÉJEUNER

Gratin de courgettes -viande hachée *

DÎNER

Tarte thon - ratatouille *
Salade verte

★ **Mardi** ★

DÉJEUNER

Salade César *

DÎNER

Risotto *

★ **Mercredi** ★

DÉJEUNER

Pommes de terre farcies au chèvre *
Jambon cru

DÎNER

Raviolis frais ou ravioles de Romans
Salade verte

★ **Jeudi** ★

DÉJEUNER

Steack ou steack haché
haricots verts

DÎNER

Crêpes salées
Salade composée

SEMAINE 1

Les Menus du mois
DE LA COMMUNAUTÉ
Femmes Débordées

★ Vendredi ★

DÉJEUNER

Poisson blanc
Ratatouille, riz

DÎNER

Omelette aux champignons
Salade de tomates

★ Samedi ★

DÉJEUNER

Tortillas mexicaines

DÎNER

Gratin florentin *

★ Dimanche ★

DÉJEUNER

Porc au caramel *
Riz

DÎNER

Repas à thème spécial
« spleen du dimanche soir » p. 52

— Suggestions —
DE SAISON

Printemps : salades en tout genre

Été : gaspacho, melon-jambon, tomates-mozzarella à tour de bras

Automne : vive les gratins ! Choux-fleurs, brocolis, courgettes, potiron...

Hiver : la bonne sousoupe !

Les recettes suivies de * sont données dans les pages précédentes

SEMAINE 2

Les Menus
DE LA COMMUNAUTÉ
Femmes Débordées

★ Lundi ★

DÉJEUNER

Steack haché de veau
Purée de carottes

DÎNER

Nems
Crudités variées : concombre,
carottes rapées, betterave...

★ Mardi ★

DÉJEUNER

Pâtes à la bolognaise *

DÎNER

Tarte tomates-mozza *
Salade concombre/avocat/batavia

★ Mercredi ★

DÉJEUNER

Coquillettes
au jambon

DÎNER

Soupe courgettes *
ou Salade composée *
selon saison

★ Jeudi ★

DÉJEUNER

Œufs au plat ou à la coque
Tomates provençales

DÎNER

Lasagnes au thon *, à la viande
ou végétariennes

SEMAINE 2

Les Menus du mois
DE LA COMMUNAUTÉ
Femmes Débordées

★ Vendredi ★

DÉJEUNER

Saumon poêlé
Boulgour

DÎNER

Pizza maison
Salade

★ Samedi ★

DÉJEUNER

Poulet-frites
Salade

DÎNER

Tarte au cantal *
salade au quinoa *

★ Dimanche ★

DÉJEUNER

Poulet au curry
Riz

DÎNER

Repas à thème spécial
« spleen du dimanche soir » p. 52

— Desserts express —
À TOMBER

Mug cakes chocolat

Crumble aux fruits rouges (surgelés)

Coupes de fraises au fromage blanc

Verrines lemon curd mascarpone et speculoos

Poires Belle-Hélène (poires au sirop, glace vanille et chocolat chaud)

Les recettes suivies de * sont données dans les pages précédentes

SEMAINE 3

Les Menus
DE LA COMMUNAUTÉ
Femmes Débordées

★ Lundi ★

DÉJEUNER

Salade alsacienne *

DÎNER

Endives au jambon

★ Mardi ★

DÉJEUNER

Cordons bleus
Petits pois-carottes

DÎNER

Quiche lorraine *
Salade de tomates

★ Mercredi ★

DÉJEUNER

Hamburgers
Frites ou pommes de terre
coupées en 2 passées au four

DÎNER

Pâtes au pesto

★ Jeudi ★

DÉJEUNER

Gratin florentin *
Salade

DÎNER

Tomates et courgettes farcies
Riz

SEMAINE 3

Les Menus du mois
DE LA COMMUNAUTÉ
Femmes Débordées

★ Vendredi ★

DÉJEUNER

Croquettes de thon *
Salade ou crudités

DÎNER

Pommes de terre farcies au chèvre *
Haricots verts

★ Samedi ★

DÉJEUNER

Couscous

DÎNER

Clafouti chou-fleur brocolis *
Pommes dauphines

★ Dimanche ★

DÉJEUNER

Filet de cabillaud en papillottes
Petits légumes et riz

DÎNER

Repas à thème spécial
« spleen du dimanche soir » p. 52

— Mon ado déjeune —
SEUL À LA MAISON

Préparez en plus grande quantité votre plat familial, et mettez des rations restantes au congélateur.

Faites cuire une grosse casserole de pâtes le dimanche que vous déclinerez à la bolognaise, carbonara...Hop en portions individuelles au congélateur.

Les recettes suivies de * sont données dans les pages précédentes

• 173 •

SEMAINE 4

Les Menus
DE LA COMMUNAUTÉ
Femmes Débordées

★ Lundi ★

DÉJEUNER

Hachis parmentier

DÎNER

Gratin de pâtes thon-tomates *

★ Mardi ★

DÉJEUNER

Escalopes de poulet à la moutarde
Semoule ou pâtes fraîches

DÎNER

Salade exotique *
ou soupe selon saison

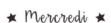

★ Mercredi ★

DÉJEUNER

Hot-dog
Tomates cerises

DÎNER

Aubergines à la parmigiana *

★ Jeudi ★

DÉJEUNER

Pâtes champignons poulet *

DÎNER

Flan de courgettes et coulis de tomates
Riz

SEMAINE 4

Les Menus du mois
DE LA COMMUNAUTÉ
Femmes Débordées

★ Vendredi ★

DÉJEUNER

Exquise laitue au bleu *

DÎNER

Œuf cocotte au saumon *
Salade ou purée de courgettes

★ Samedi ★

DÉJEUNER

One pot pasta *

DÎNER

Pavés de saumon au four
Fondue de poireaux

★ Dimanche ★

DÉJEUNER

Chili con carne *

DÎNER

Repas à thème spécial
« spleen du dimanche soir » p. 52

— 15 indispensables —
DE FOND DE PLACARD

Thon en conserve • pulpe ou coulis de tomate • riz • pâtes variées semoule ou mélange de céréales haricots verts en conserve • farine huile • vinaigre • moutarde sauce soja • épices • sucre • chocolat dessert • levure • céréales

*Les recettes suivies de * sont données dans les pages précédentes*

LES LISTES QUI SIMPLIFIENT

— ★ LA VIE ★ —

Pour anticiper, ne plus avoir la tête pleine… et être zen !

LA LISTE DES COURSES
LA LISTE MÉNAGE MAGIQUE
LE LUTIN MALIN
LES LISTES DES MISSIONS DU MOIS

LA LISTE DE COURSES

Hop, vous cochez au fur et à mesure
ce qu'il manque dans le frigo et dans
les placards ou ce dont vous avez besoin
en fonction des menus programmés.
Fini les oublis !

Téléchargez-la au format excel
sur : https://lc.cx/SzRz

PRODUITS FRAIS

♛ VIANDE / POISSON

- bœuf / veau ☐
- porc ☐
- volaille ☐
- saucisses ☐
- burgers, nuggets, manchons ☐
- steacks hachés ☐
- agneau ☐
- lapin ☐
- poisson ☐
- autre ☐

♛ CHARCUTERIE

- jambon blanc ☐
- jambon cru ☐
- jambon de volaille ☐
- saucisson ☐
- pâté, rillette, terrine ☐
- saucisses, knackisz ☐
- lardons, bacon ☐
- autre charcuterie ☐

♛ TRAITEUR

- saumon fumé ☐
- foie gras ☐
- barquettes de crudités ☐
- soupes, gazpacho ☐
- croques-mr, crêpes, galettes ☐
- pizza, quiches, tartes ☐
- panés, cordons bleus, manchons ☐
- plats cuisinés ☐
- produits végétaux, tofu ☐
- pâtes fraîches, quenelles ☐
- pâtes à tarte, à gâteau ☐
- houmous, tazziki, guacamole ☐
- blinis, caviar, lompe, tarama ☐
- surimi, steak, crevettes, anchois ☐
- autres ☐

♛ BEURRE / OEUFS / CRÈMES

- beurre doux ☐
- beurre salé ☐
- margarine ☐
- œufs ☐
- crème fraîche épaisse ☐
- crème fraîche liquide ☐
- sauces ☐
- mayonnaise ☐

♛ PRODUITS LAITIERS

- yaourts nature ☐
- yaourts aux fruits ☐
- yaourts enfants ☐
- yaourts à boire ☐
- yaourts santé, minceur ☐
- petits suisses ☐
- fromages blancs ☐
- autres ☐

MA LISTE DE COURSES

PRODUITS FRAIS

♛ LÉGUMES

- pommes de terre ☐
- tomates ☐
- concombre ☐
- courgettes ☐
- aubergines ☐
- potiron ☐
- salades vertes ☐
- choux, choux fleurs ☐
- poireaux ☐
- carottes ☐
- poivrons ☐
- haricots verts, blancs ☐
- brocolis ☐
- champignons ☐
- avocats ☐
- navets ☐
- épinards ☐
- autres légumes ☐
- ail, oignon, échalotte ☐
- herbes fraîches ☐

♛ FRUITS

- Agrumes ☐
- Pommes, Poires ☐
- Bananes ☐
- Fruits rouges ☐
- Fruits exotiques ☐
- Autres Fruits ☐

♛ PAINS, VIENNOISERIES

- pain complet ☐
- pain de mie, à hamburger ☐
- pain et baguette ☐
- brioches, briochettes ☐
- pain au lait, croissant, goûter ☐
- crêpes, pancakes, muffins ☐

♛ FROMAGES

- emmental, comté, cantal ☐
- camembert, coulomier, brie ☐
- chèvre, brebis ☐
- roquefort, bleu... ☐
- mozzarella, feta... ☐
- fromage râpé, parmesan ☐
- fromage à tartiner ☐
- fromage pour enfants ☐
- autres ☐

♛ COMPOTES / JUS DE FRUITS FRAIS

- compotes en gourdes ☐
- compotes standards ☐
- salades de fruits ☐
- boisson lactée, smoothie ☐
- jus d'oranges ☐
- jus de fruits ☐
- jus de fruits et légumes ☐
- autres ☐

ÉPICERIE

♛ PATISSERIE / GOUTERS / PETIT DEJ

- galettes, sablés ☐
- biscuits au chocolat ☐
- biscuits aux fruits ☐
- biscuits équilibre, bien-être ☐
- goûters fourrés ☐
- biscuits petit déjeuner ☐
- quatre quarts, cake, pain d'épices ☐
- madeleines, gaufres ☐
- barres chocolatées ☐
- bonbons ☐
- chewing gum ☐
- chocolat noir ☐
- chocolat au lait ☐
- chocolat blanc ☐
- chocolat dessert ☐

♛ DESSERTS

- compotes ☐
- crèmse dessert ☐
- riz au lait ☐
- fruits au sirop ☐

♛ CONSERVES

- petits pois ☐
- haricots verts, blancs, rouges ☐
- carottes ☐
- autres légumes ☐
- thon ☐
- sardines ☐
- autres poissons ☐
- plats cuisinés ☐
- pâtés ☐

♛ ÉPICERIE DIVERS

- soupes ☐
- croûtons ☐
- purée ☐
- pâtes ☐
- riz ☐
- blé ☐
- semoule ☐
- produits exotiques ☐
- légumes secs ☐
- autres ☐

♛ FARINE, PRÉPARATION PÂTISSERIE

- farine ☐
- préparations pâtisserie ☐
- fécule de maïs ☐
- chapelure ☐
- sucre en morceaux ☐
- sucre en poudre ☐
- chocolat pâtissier ☐
- levure, sucre vanillé ☐
- nappage & crème ☐
- arômes, décoration ☐
- fruits secs ☐

ÉPICERIE - DIVERS

♛ CONDIMENTS / SAUCES

- cornichons ☐
- sel / épices ☐
- sauce tomate ☐
- ketchup ☐
- mayonnaise ☐
- huile ☐
- vinaigre ☐
- moutarde ☐
- autres ☐

♛ APÉRITIF

- chips ☐
- tuiles ☐
- pistaches, amandes, cacahouettes, cajoux ☐
- olives ☐
- crackers, feuilletés, bretzel ☐
- autres ☐

♛ CONFITURES, MIEL ET TARTINABLES

- confiture de fraise ☐
- autres confitures ☐
- miel ☐
- nutella ☐
- autre ☐

♛ CÉRÉALES ET BISCOTTES

- céréales enfants ☐
- autres céréales ☐
- biscottes ☐
- pain suédois ☐
- autres ☐

♛ CAFE, THE, CHOCOLAT

- cafés classiques ☐
- expresso ☐
- décaféinés & doux ☐
- dosettes ☐
- chicorés ☐
- chocolats en poudre ☐
- thé nature ☐
- thés parfumés ☐
- infusions ☐
- filtres ☐
- autres ☐

♛ DIVERS

- papier alu, cuisson, film plastique ☐
- sacs congélation ☐
- allume gaz, bougies ☐
- vaisselle jetable ☐
- piles ☐
- autres ☐

♛ ANIMAUX

- litière ☐
- croquettes ☐
- boîtes ☐
- autres ☐

NON ALIMENTAIRE

♛ HYGIÈNE

- brosse à dents ☐
- dentifrice ☐
- déodorant ☐
- coton ☐
- coton-tige ☐
- soin visage ☐
- savon ☐
- gel douche ☐
- shampoing ☐
- soin du cheveux ☐
- soin du corps ☐
- rasoir, mousse à raser ☐
- épilation ☐
- couches et hygiène bébé ☐
- hygiène féminine ☐
- mouchoirs ☐
- papier toilette ☐

♛ ENTRETIEN

- produit vitre ☐
- anticalcaire ☐
- dégraissant ☐
- nettoyant four ☐
- javel ☐
- produit sol ☐
- liquide multi-usage ☐
- liquide vaisselle main ☐
- produit lave-vaisselle ☐
- détartrant WC ☐
- éponges ☐
- gants de ménage ☐
- lessive classique ☐
- lessive spéciale linge noir ☐
- lessive spéciale laine ☐
- assouplissant ☐
- anti-tâche ☐
- essuie-tout ☐
- sacs poubelle ☐

♛ LIQUIDES

- lait ☐
- eau minérale plate, gazeuse ☐
- jus fruits ☐
- sodas ☐
- sirops ☐
- vin ☐
- alcools ☐

♛ SURGELÉS

- glaces ☐
- plats cuisinés ☐
- légumes ☐
- poissons, viandes ☐
- pain ☐

LE LUTIN MALIN,

Pour avoir toujours l'essentiel sous la main, prenez un « lutin » (protège-documents à pochettes plastiques) et glissez-y :

♛ Vos coordonnées ainsi que celles de vos proches (parents, amis, nounou…)

♛ Numéros d'urgence :
★ Samu (15) • Pompiers (18) • Police (17)
★ Samu, pompiers, police (112 valable dans toute l'Union Européenne et sur portable sans entrer code Pin et même sans carte SIM)
★ SOS Médecins (36 24)
★ Hôpital le plus proche

♛ Numéro et adresse du médecin traitant

♛ Numéros et adresse de vos interlocuteurs médicaux : dentistes, orthophonistes, kiné, ophtalmo, ORL, dermato, labo d'analyses médicales, radiologue, podologue…

♛ Coordonnées des écoles + itinéraire (google map) au cas où vous devriez déléguer l'accompagnement à une personne qui ne connaît pas

♛ Emploi du temps de chaque enfant

♛ Emploi du temps familial avec les différentes activités extra-scolaires

♛ Liste des camarades de classe de chaque enfant avec leurs coordonnées (elles peuvent s'ajouter aux listes des années précédentes)

♛ Listes des autres camarades : du club de foot, de la danse…

TOUT SOUS LA MAIN !

♛ Photocopies des certificats d'assurance scolaire

♛ Photocopies de vos cartes d'identités et passeport

♛ Photos d'identité (toujours utiles pour les inscriptions diverses)

♛ Photocopies de la page vaccination du carnet de santé
(demandé à chaque inscription scolaire)

♛ Horaires des bus, plan des transports en commun

♛ Coordonnées des activités extra-scolaires + itinéraire (google map)

♛ Numéros de téléphones divers :
★ Livreur de pizza, sushi, indien…
★ Artisans que vous connaissez
★ SOS carte Bleue/Visa/Eurocard/Mastercard volée ou perdue (0892 705 705)
★ SOS chèque volé ou perdu (0892 683 208)
★ Allo Escroquerie (0805 805 817)

LA LISTE MÉNAGE MAGIQUE

Cette liste vous détaille de façon la plus complète possible tout le ménage à faire dans la maison. Comme ça, vous savez ce qu'il y a à faire, ce qui a été fait et ce qu'il reste à faire !

À partager sans modération avec tous les membres de la famille...

LA CUISINE

	À FAIRE	FAIT
♛ Vider le lave-vaisselle		
♛ Faire la vaisselle		
♛ Nettoyer la poubelle		
♛ Vider la poubelle		
♛ Nettoyer les portes des placards		
♛ Nettoyer parois du four, micro-ondes, frigo		
♛ Nettoyer l'évier et le robinet		
♛ Nettoyer le plan de travail		
♛ Nettoyer les plaques de cuisson		
♛ Nettoyer le mur devant les plaques		
♛ Aspirer les plinthes		
♛ Dépoussiérer les radiateurs		
♛ Aspirer le sol		
♛ Passer la serpillère au sol		
♛ Laver les vitres		
♛ Nettoyer l'intérieur du frigo		
♛ Nettoyer l'intérieur four		
♛ Nettoyer l'intérieur du micro-ondes		
♛ Nettoyer les parois de la hotte		
♛ Nettoyer l'intérieur des placards		
♛ Nettoyer au-dessus des placards		

SALON & SALLE À MANGER

	À FAIRE	FAIT
♛ Dépoussiérer faire briller les meubles		
♛ Dépoussiérer les objets sur meubles		
♛ Dépoussiérer la TV et matériel hifi, audio		
♛ Dépoussiérer les étagères des bibliothèques et les livres		
♛ Dépoussiérer les radiateurs		
♛ Nettoyer la table salle à manger et les chaises		
♛ Nettoyer le téléphone		
♛ Dépoussiérer les cadres (et tranches au dessus)		
♛ Laver les vitres des cadres		
♛ Nettoyer les traces sur les portes		
♛ Nettoyer les traces sur les interrupteurs		
♛ Aspirer derrière meubles et canapé		
♛ Aspirer sous les coussins du canapé et des fauteuils		
♛ Aspirer sur les plinthes		
♛ Aspirer le sol		
♛ Passer la serpillère au sol si parquet ou carrelage		
♛ Laver les vitres		
♛ Dépoussiérer les lampes		
♛ Nettoyer le dessus des meubles haut		

SALLES DE BAIN & WC

	À FAIRE	FAIT
♛ Nettoyer baignoire ou douche et pommeau, robinet		
♛ Nettoyer la paroi ou le rideau de la douche		
♛ Nettoyer le sol de la douche		
♛ Nettoyer le lavabo et les robinets		
♛ Nettoyer le miroir		
♛ Vider et nettoyer la poubelle		
♛ Dépoussiérer le radiateur		
♛ Nettoyer les traces sur les portes		
♛ Aspirer le sol		
♛ Passer la serpillère au sol		
♛ Laver les vitres		
♛ Nettoyer le dessus des armoires		
♛ Dépoussiérer les tuyaux		

	À FAIRE	FAIT
♛ Nettoyer la cuvette		
♛ Aspirer le sol		
♛ Passer la serpillère au sol		
♛ Laver les murs		

LES CHAMBRES

	À FAIRE	FAIT
♛ Dépoussiérer et faire briller les meubles		
♛ Dépoussiérer les étagères des bibliothèques et les livres		
♛ Dépoussiérer les jouets et objets sur meubles		
♛ Nettoyer les bacs à jouets		
♛ Vider et nettoyer les poubelles		
♛ Dépoussiérer les cadres (et tranches au dessus)		
♛ Faire les vitres des cadres		
♛ Nettoyer les traces sur les portes		
♛ Nettoyer les traces sur les interrupteurs		
♛ Aspirer les moquettes et tapis		
♛ Aspirer derrière et sous les lits		
♛ Aspirer sur les plinthes		
♛ Aspirer le sol et les tapis		
♛ Passer la serpillère au sol si parquet ou carrelage		
♛ Aspirer derrière les meubles		
♛ Nettoyer le dessus des armoires		
♛ Laver les vitres		

LE LINGE

	À FAIRE	FAIT
♛ Étendre le linge		
♛ Repasser le linge		
♛ Plier le petit linge		
♛ Lancer une machine		
♛ Changer les lits enfants et lancer une machine avec les draps		
♛ Changer le lit parents et lancer une machine avec les draps		
♛ Déhousser le canapé et lancer une machine avec les housses		

EXTERIEUR

	À FAIRE	FAIT
♛ Balayer le perron		
♛ Balayer la terrasse ou le balcon		
♛ Nettoyer la table de jardin et les chaises		

PRODUITS À RACHETER

	À FAIRE	FAIT
👑 anti-calcaire		
👑 dégraissant		
👑 spécial four		
👑 spécial hotte		
👑 produit vitres		
👑 dépoussiérant surface moderne		
👑 nettoyant meubles bois		
👑 produit sol carrelage		
👑 produit sol parquet		
👑 javel		
👑 gel WC		
👑 éponges		
👑 lingettes nettoyantes		
👑 lingettes dépoussiérantes		
👑 Produit vaisselle		
👑 lessive classique		
👑 lessive linge noir		
👑 lessive laine		
👑 assouplissant		
👑 lingettes spécial couleur		
👑 sacs aspirateur		

LISTE
des inéluctables missions
★ DE JANVIER ★

ET SI CETTE ANNÉE, VOUS RELATIVISIEZ, REVOYEZ VOS PRIORITÉS ?

- ☐ **Envoyez vos vœux !** Vous avez jusqu'au 31 janvier pour le faire : carte envoyée par mail aux amis proches et lointains ou jolie carte envoyée par la poste (notamment à papy et mamie), ils seront si contents !

- ☐ **Pensez aux étrennes** : facteur, éboueurs (entre 5 € et 10 €), Pompiers (10 à 15 €). Pour le gardien, c'est à vous d'évaluer les petits services qu'il vous rend en dehors de ce qui rentre dans son contrat.

- ☐ **Mettez à jour votre budget** : janvier, c'est le mois des augmentations, les vôtres, mais aussi celles du gaz, de l'électricité, de la femme de ménage, de la nounou, etc..

- ☐ **Faites 1 petite semaine (ou 2) spéciale basses calories**, rien de tel après les excès des fêtes.

- ☐ **Gérez vos photos de Noël** : transférez-les sur un site pour réaliser livres photos, agendas, calendriers ou les faire tirer sur papier. La bonne idée : prolonger la magie de Noël en réalisant un petit livre photos que vous offrirez à ceux qui étaient de la fête (attendez les promos des sites).

- ☐ **Organisez et triez les jouets** : le Père Noël a été généreux… mais où ranger ces nouveaux jouets ?
  ★ Jetez les jouets abîmés
  ★ Donnez ou vendez ceux en bon état dont ils ne veulent plus
  ★ Rangez dans des boîtes en plastique (cave, grenier, garage) ceux que vous voulez conserver.

- ☐ **Le Père Noël n'a pas les mêmes goûts que vous !** Vous avez des cadeaux qui ne vous plaisent pas… soyez généreuse et donnez-les à d'autres qui n'ont pas été gâtés ou bien vendez-les sur internet.

- ☐ **Organisez-vous pour les soldes** : prenez une journée de RTT (pas forcément le 1er jour)

- ☐ **Optimiser vos soldes** :
  1. Jouets soldés : faites un stock pour les anniversaires à venir.
  2. Linge de maison : profitez du mois du blanc pour le renouveler.
  3. Vêtements des enfants : faites un état de ce dont ils ont besoin immédiatement, achetez une taille au-dessus pour l'année prochaine (sauf les chaussures).

- ☐ **Si vous partez pour les vacances de Pâques**, réservez billets, hôtels…

LISTE
des inéluctables missions
✶ SPECIAL SKI ✶

- ☐ **Faites un point rapide sur les équipements des enfants.**
  Remplacez-les si besoin le plus vite possible avant les ruptures de stock.

- ☐ **Pour simplifier la corvée des bagages :**
  pensez à la housse sous-vide. Faire rentrer toutes les combis et autres polaires dans la valise devient nettement plus simple !

- ☐ **Organisez votre semaine si ce n'est pas encore fait :**
  réservation du matériel de ski, des cours de ski des enfants et achat des forfaits en ligne.

- ☐ **Pensez aussi à vous préparer physiquement.**
  Rien n'est jamais trop tard ! On n'arrive pas sur les pistes après un an sans s'être préparée, sinon gare aux mauvaises chutes !

- ☐ **Les enfants partent (au ski) via une colo ?**
  Pensez à marquer leurs vêtements.

- ☐ **Téléchargez notre liste de courses** pour une semaine de ski sur le site Femmes débordées https://lc.cx/5Kre

- ☐ **téléchargez nos menus** pour une semaine de ski sur le site Femmes Débordées https://lc.cx/5KWp

- ☐
- ☐
- ☐
- ☐
- ☐

LISTE
des missions incontournables
DE FÉVRIER

CHANDELEUR, SAINT-VALENTIN, VACANCES D'HIVER…
LES DATES S'ENCHAÎNENT ET LE MOIS À PEINE COMMENCÉ,
VOUS VOILÀ DÉJÀ SURBOOKÉE !

- *Le 2, c'est la Chandeleur !* Au déjeuner, au goûter ou en soirée, les crêpes sont incontournables !

- *Au 14 février, c'est la Saint-Valentin !* Faites une petite piqûre de rappel à Monsieur…

- *Payez le 1er acompte provisionnel* d'impôt sur le revenu. Pensez aussi à vous inscrire avant le 15 février si vous voulez faire prélever ou mensualiser votre impôt sur le revenu.

- *Partir en vacances en voiture,* peut nécessiter une petite révision et pensez à vous munir du matériel adéquat (chaînes, raclettes, dégivrant…).

- *Si vous partez* pour les vacances de Pâques, réservez billets, hôtels…

- *En cas de vacances à l'étranger* vérifiez que toutes les cartes d'identité ou passeports sont valides. Si besoin, pensez à faire le permis de conduire international et la carte européenne d'assurance maladie.

- *Si vous restez,* organisez les vacances des enfants : stages sympas, journée spéciale avec eux, balades, ateliers, parc d'attractions…

- *Commencez sérieusement à penser aux vacances d'été* notamment pour la réservation de la location, les billets d'avion… Si les enfants doivent partir sans vous, organisez leurs vacances : colo, stages sportifs, séjours linguistiques…

- *Votre ado a de sérieuses lacunes qui s'accumulent ?* Pensez aux stages de rattrapage pendant les vacances : février ou Pâques.

- *Votre ado (toujours lui !) a du mal à se mettre à l'anglais :* une petite immersion chez l'habitant peut lui donner le déclic. En février ou à Pâques, différentes formules sont possibles : stage linguistique, jumelage avec votre ville.

LISTE
des inéluctables missions
★ DE MARS ★

— MARS ET ÇA REPART ! MÊME S'IL FAIT ENCORE FROID ET GRIS, —
QUAND ON ÉVOQUE MARS, ON PENSE AU PRINTEMPS NON ?

- ☐ **Les vacances d'hiver sont finies ?** Transférez vos photos sur un site qui vous permettra de réaliser des livres photos, agendas ou de les imprimer.

- ☐ **Le premier dimanche de mars, c'est la Fête des grands-mères :** un beau bouquet de fleurs suivi d'une invitation à déjeuner ou une petite carte fera toujours grand plaisir à mamie.

- ☐ **En mars, c'est le Trocathlon chez Décathlon,** un bon moyen pour revendre le vélo devenu trop petit de Louis et d'acheter des combis pour le stage de surf prévu cet été !

- ☐ **À minuit on change d'heure en ce dernier samedi de mars !** On avance donc sa montre d'une heure le dimanche ! On dort une heure de moins mais les soirées rallongent !!!

- ☐ **Vacances d'été :** réservez la location, prenez les billets d'avion…
Si les enfants doivent partir sans vous, organisez leurs vacances : colo, stages sportifs, séjours linguistiques…

❀ MISSIONS « VACANCES DE PÂQUES »

- ☐ **Votre ado a le brevet ou le bac en ligne de mire :** pensez aux stages de soutien ou de préparation pendant les vacances de Pâques.

- ☐ **Si vous partez :** réservez billets, hôtels…

- ☐ **Si vous restez :** durant les vacances, organisez les vacances des enfants : stages sympas, journée spéciale avec eux, balades, ateliers, parc d'attractions…

- ☐ **Si les enfants vont chez Papy et Mamie,** assurez-vous dès aujourd'hui qu'ils seront disponibles !

LISTE
des inéluctables missions
★ D'AVRIL ★

—— VIVE LE MOIS D'AVRIL ! LES JOURS QUI ALLONGENT ——
ET LES JARDINS QUI REFLEURISSENT !

- ☐ *1ᵉʳ avril, Poisson d'avril !* Jouez le jeu et cherchez sur le net de beaux poissons à imprimer ou à colorier, des cartes rigolotes à envoyer, des blagues à réaliser…

- ☐ *Pensez au nettoyage de printemps !* Pas marrant mais nécessaire ! Faites le tri dans votre penderie, intervertissez les vêtements d'hiver et d'été, nettoyez en grand. Attaquez-vous aux placards de la cuisine, programmez un bon lifting du frigo. Triez, videz, jetez…

- ☐ *Profitez des bons plans de dernière minute* pour faire un petit break de quelques jours pendant les vacances de Pâques !

- ☐ *Pensez aux ponts de mai et de juin,* réservez vite vite vite !

- ☐ *Vacances d'été* : l'organisation est bouclée, les billets, locations, hôtels réservés, les enfants casés !

- ☐ *Vérifiez que toutes les cartes d'identité ou passeports sont valides* en cas de vacances à l'étranger (les délais pour refaire une pièce d'identité sont compris entre 10 jours et 3 semaines). Si besoin, pensez à faire le permis de conduire international et la carte européenne d'assurance maladie.

- ☐ ....
- ☐ ....
- ☐ ....
- ☐ ....
- ☐ ....

LISTE
des inéluctables missions
✶ DE MAI ✶

En mai, fais ce qu'il te plaît ! Vive les ponts, on pose un RTT et on se fait un grand week-end prolongé...

- ☐ **Cherchez une super idée pour les ponts de mai**, le week-end de l'Ascension ou le week-end de la Pentecôte.

- ☐ **Vous devriez pouvoir ranger les vêtements d'hiver** (normalement !), si vous ne l'avez pas encore fait, profitez-en pour faire enfin votre ménage de printemps (voir page).

- ☐ **Payez le 2ᵉ acompte provisionnel** de l'impôt sur le revenu.

- ☐ **Faites votre déclaration de revenus** et vérifiez bien la date limite sur le site https://www.impots.gouv.fr/portail/particulier/calendrier-fiscal

- ☐ **Notez les dates des fêtes** variées des enfants dans votre agenda de façon à être sûre de ne pas les oublier.

- ☐ **Compte à rebours bien amorcé avant le bac !** Renseignez-vous sur le site education.gouv. Faites un planning de révision avec votre ado si vous le sentez perdu ou pas motivé.

- ☐ **Faites-vous un petit programme sportif** pour cette dernière ligne droite avant l'été et l'épreuve du maillot ! Passez en mode « salades à volonté » (attention à la sauce !)

- ☐ **Vacances d'été** : normalement tout est organisé !

- ☐ **Réfléchissez avec votre ado** à la façon d'occuper ses journées en vacances à la maison hors de question qu'il traîne toute la journée ! (stages sportifs, petits boulots...)

- ☐ **Le dernier dimanche de mai, c'est la fête des Mères !**

- ☐ **Et si vous confirmiez le dicton « en mai, fais ce qu'il te plaît »** : resto entre copines, journée RTT rien que pour vous, soirée SPA, c'est vous qui voyez !

- ☐
- ☐

LISTE
des inéluctables missions
⋆ DE JUIN ⋆

LE VENT DES VACANCES COMMENCE À SOUFFLER ET POURTANT,
CE N'EST PAS ENCORE LE MOMENT DE SE LA COULER DOUCE !

- [ ] **Notez bien dans votre agenda les dates importantes du mois**, si ce n'est déjà fait, pour n'en oublier aucune : anniversaires, kermesse, fête de l'école, gala de danse, audition de piano… Ça se bouscule au portillon !

- [ ] **Le troisième dimanche de juin**, c'est la fête des Pères, notez-le et pensez à son cadeau à l'avance !

- [ ] **Pensez à acheter un joli cadeau** pour le maître ou la maîtresse qui a fait preuve de tant de patience cette année encore…

- [ ] **Posez en RTT le 1er jour des soldes !**

- [ ] **Inscrivez les enfants** aux différentes activités extrascolaires pour la rentrée.

- [ ] **Prenez un rendez-vous chez le médecin** pour obtenir le certificat médical des enfants qui sera demandé pour toute activité sportive.

- [ ] **Imprimez le calendrier de l'année scolaire à venir** pour ne pas commettre de regrettables erreurs dans les dates des vacances : www.lecalendrier.fr

- [ ] **Réservez les billets de train pour l'automne** : bénéficiez de petits prix en réservant maintenant pour vos week-ends, vacances de la Toussaint… www.voyages-sncf.com

- [ ] ....
- [ ] ....
- [ ] ....
- [ ] ....
- [ ] ....

LISTE
Spéciale préparation
★ VACANCES ★

- ❏ *Partez tranquille avec l'opération Tranquillité Vacances* : inscrivez-vous auprès du poste de police référent de votre quartier pour lui signaler votre adresse avec un justificatif de domicile ainsi que votre période d'absence. Les policiers feront des rondes de veille régulières.

- ❏ *Faites suivre votre courrier* vers votre location ou résidence de vacances si vous y restez longtemps. https://www.laposte.fr/particulier/produits/presentation/reexpedition-temporaire-nationale

- ❏ *Contacter le service abonnement de votre magazine préféré* pour qu'il vous suive cet été.

- ❏ *Videz peu à peu le contenu du frigo et du congélateur*

- ❏ *Commencez à penser aux valises* pour les vacances (vêtements trop petits / à nettoyer / à racheter / à marquer si les enfants partent en colo) + vérifier l'état des valises.

- ❏ *N'oubliez pas le check-up santé* : chez votre médecin ou dentiste si vous partez loin, de façon à avoir sous la main les médicaments nécessaires à vos maux habituels et faites vérifier vos vaccins.

- ❏ *Organisez la garde de votre animal de compagnie* s'il ne part pas avec vous (réserver le chenil, trouver un dog-sitter…).

- ❏ *Achetez les cahiers de vacances* en demandant à l'instit si elle/il a une marque à conseiller. Et lui demander en même temps de vous recommander 2 ou 3 livres à leur faire lire cet été.

- ❏ *Profitez-en pour faire le plein de livres pour l'été*

- ❏ *Prenez RDV pour faire réviser la voiture* avant le départ.

- ❏ *Si votre ado a déboté un job d'été*, renseignez-vous sur les précautions à prendre (assurance, fiscalité, etc.).

- ❏ *Demandez à vos enfants de faire la liste de ce qu'ils veulent emporter en vacances*. Une bonne façon de les habituer aux to-do lists !

LISTE
des missions incontournables
★ DE L'ÉTÉ ★

—— À VOUS LE SOLEIL, LA MER, LA NATURE, LES BALADES, ——
LES DÉCOUVERTES, LES SIESTES ET LES APÉROS EN TERRASSE...
MAIS AVANT CELA, VOUS AVEZ ENCORE DU BOULOT !

☼ À FAIRE AVANT DE PARTIR EN VACANCES. ☼

☐ **Triez les affaires de classe des enfants :**
    ★ Classer dans une boîte d'archive les cahiers et dessins à conserver
    ★ Trier ce qui peut resservir pour la nouvelle année scolaire
    ★ Jeter le reste

☐ **Achetez les cahiers de vacances des enfants.**

☐ **Achetez les fournitures scolaires avant de partir** (si vous avez la liste), une « bonne chose de faite » !

☐ **Avant de partir, prenez rendez-vous chez le médecin** pour les certificats qui seront demandés pour toute inscription à un sport (si vous ne l'avez pas fait en juin).

☐ **Profitez des soldes** pour acheter ce dont vos enfants auront besoin à la rentrée (chaussures, baskets, vêtements dans la taille supérieure, cadeaux d'anniversaire à venir).

☼ À FAIRE DE RETOUR DE VACANCES ☼

☐ **Videz votre appareil photo** et transférez vos photos sur un site qui vous permettra de réaliser des livres photos, agendas ou de les imprimer.

☐ **Achetez les fournitures scolaires** avant la rentrée, si vous avez la liste et que vous n'avez pas eu le temps de le faire avant de partir.

☐ **Vérifiez les cartables et autres besaces** ou sacs à dos. S'ils sont légèrement abîmés, les faire réparer, sinon, changez-les avant la rentrée de façon à avoir du choix.

☐ **Faites un point sur les vêtements** et les chaussures des enfants : triez les vêtements trop petits, abîmés, troués, donnez-les ou vendez-les.

☐ **Faite un point sur les équipements sportifs** des enfants (état, taille, etc.). Remplacez-les si besoin avant le rush de la rentrée et les ruptures de stock.

LISTE
des inéluctables missions
★ DE SEPTEMBRE ★

SEPTEMBRE : FINI LES VACANCES, ON S'OR-GA-NISE !
DUR DUR LE RETOUR À LA RÉALITÉ !

- ☐ Triez les affaires de classe des enfants si ce n'est pas déjà fait :
  - ★ Classer dans une boîte d'archive les cahiers et dessins à conserver
  - ★ Trier ce qui peut resservir pour la nouvelle année scolaire
  - ★ Jeter le reste

- ☐ Payez le dernier tiers des impôts.

- ☐ Si vous partez pour les vacances de la Toussaint, réservez billets, hôtels...

- ☐ Faites le « check-up santé » annuel des enfants (et le vôtre tant qu'à faire) : dentiste, bilan chez le généraliste, ophtalmo, podologue, dermato et pour vous gynéco.

- ☐ Commencez à regarder les offres pour les vacances d'hiver si vous partez skier.

🍃 TO-DO LIST SPÉCIALE RENTRÉE DES CLASSES.

- ☐ Achetez les fournitures scolaires qui manquent.

- ☐ Faites des photos d'identité au photomaton. Ils en auront forcément besoin.

- ☐ Commandez de jolies étiquettes afin de marquer les vêtements des enfants de leur nom. Cette année, fini les gants orphelins, les gilets perdus et les bonnets échangés.

- ☐ Emmenez-les chez le coiffeur ! La coupe surfeur, c'est pour l'été, pour la rentrée : une petite coupe bien proprette !

- ☐ Inscrivez les enfants aux différentes activités extrascolaires si ce n'a pas été fait en juin.

- ☐ Posez le jour de la rentrée des classes en RTT ou en congés (journée ou 1/2 journée !) pour accompagner les enfants à l'école et idéalement aller les chercher avec un super goûter !

LISTE
des inéluctables missions
★ D'OCTOBRE ★

*L'automne s'installe vraiment, et d'ailleurs
le dernier samedi du mois, on change d'heure !*

- ☐ **Payez la taxe foncière.**

- ☐ **Pensez à réserver vos billets de train** pour la saison d'hiver et bénéficier de petits prix pour les vacances de Noël et d'hiver sur voyages-sncf.com. Si la réservation n'est pas encore ouverte, demandez un mail d'alerte qui vous préviendra la veille de l'ouverture.

- ☐ **Si vous partez pour les vacances** d'Automne, il est grand temps de réserver billets, hôtels, gîtes…

- ☐ **Si vous restez,** organisez les vacances des enfants : stages sympas, journée spéciale avec eux, balades, ateliers, parc d'attractions…

- ☐ **Pensez à finaliser votre choix** pour les vacances d'hiver si vous partez skier.

- ☐ **Occupez-vous des photos** de cet été pendant un week-end pluvieux ! Et réaliser ou commander sur internet, albums, calendriers ou autres qui feront, pour Noël, le bonheur de Mamie, Tata, Belle-Maman…

- ☐ **Pour ranger vos vêtements d'été** correctement, commandez sur internet des boîtes de rangement et des housses sous vide.

- ☐ **Les températures baissent** (vont baisser) ! Échangez la garde-robe d'hiver avec celle d'été. Profitez-en pour faire un tri.

- ☐ **Achetez les chaussures chaudes** des enfants : il y a encore du choix et les promos commencent !

- ☐ **Ne ratez pas le Trocathlon** pour vendre rollers trop petits et en acheter des plus grands à petit prix.

- ☐ **Réservez les spectacles de Noël** si vous comptez emmener vos enfants en voir un !

- ☐ **Attention on passe à l'heure d'hiver** le dernier samedi du mois à minuit. Cool, une heure de sommeil en plus. Moins cool, les jours raccourcissent !

- ☐ **Le 31, c'est Halloween** Nos idées pour une fête d'Halloween facile et réussie sur le site : https://lc.cx/S7vh

LISTE
des inéluctables missions
❄ DE NOVEMBRE ❄

NOVEMBRE, IL FAIT FROID, IDÉAL POUR BULLER DES DIMANCHES ENTIERS SANS CULPABILISER ET COMMENCER À PRÉPARER NOËL DANS LA SÉRÉNITÉ !

- ☐ *Froid et voiture ne font pas bon ménage !* Pensez à la raclette et au liquide hors gel. Laissez à l'arrière des petites couvertures en polaire pour les enfants.
- ☐ *Payez la taxe d'habitation.*
- ☐ *Pensez à prendre RDV pour la maintenance* annuelle des équipements de chauffage (chaudière, cheminée). .
- ☐ *Si vous partez pour les vacances* de Noël, réservez billets, hôtels, gîtes…
- ☐ *Réservez les vacances de février* (si ce n'est déjà fait) si vous partez skier, ça devient urgent !
- ☐ *Si vous partez au ski* pour Noël ou février, vérifiez vos équipements et ceux des enfants. Profitez de l'avant-saison et des offres de sites promotionnels, il y aura plus de choix qu'en décembre ou janvier…
- ☐ *Achetez le calendrier de l'Avent* de vos enfants. Pensez-y bien avant la fin du mois pour qu'il y ait encore le choix !

❄ MISSION CADEAUX DE NOËL

- ☐ *Recopiez discrètement la liste de cadeaux* des enfants et dispatchez aux différents membres de la famille.
- ☐ *Posez un RTT* (dès la mi-novembre) et profitez de la journée pour acheter sereinement les cadeaux de Noël ou réaliser les cadeaux de Noël personnalisés. Vous éviterez ainsi les mauvaises surprises de produits en rupture.
- ☐ *Faites une liste* avec les noms des personnes à qui vous devez faire un cadeau et les différentes idées que vous avez.
- ☐ *Surfez sur les sites de ventes privées* pour trouver le cadeau rêvé de belle-maman à prix réduit ! N'attendez pas trop, les délais de livraison sont souvent longs.
- ☐ *Pensez aux cadeaux personnalisés* qui font plaisir mais nécessitent d'être anticipés.

LISTE
des inéluctables missions
DE DÉCEMBRE

LE MOIS LE PLUS FOU DE L'ANNÉE, ALORS FORCÉMENT, LA TO-DO LIST EST À RALLONGE... ON VOUS SOUHAITE BON COURAGE ET... JOYEUX NOËL !

- ☐ *Vous n'êtes toujours pas inscrits sur les listes électorales ?* Vous avez jusqu'au 31 décembre pour vous inscrire.

- ☐ *Pensez à occuper vos enfants pendant les vacances* de Noël : stage artistique ou sportif, journée chez des copains, marchés de Noël, patinoire, piscine...

- ☐ *Si vous partez pour les vacances de Noël,* et si ce n'est déjà fait, réservez billets, hôtels, gîtes...

❄ ORGANISATION DE NOËL

- ☐ *Posez en début de mois un RTT* (si vous ne l'avez pas fait en novembre) pour acheter sereinement les cadeaux de Noël

- ☐ *Préparez les enveloppes* des étrennes avec le nom dessus : facteur, concierge, éboueur, pompier, nounou... Ça vous évitera de ne pas avoir de monnaie le jour de passage !

- ☐ *Achetez le sapin de Noël.*

- ☐ *Commandez un maximum de cadeaux par internet :* vous éviterez les magasins bondés et vous pourrez comparer les prix. Attention aux délais de livraison !

- ☐ *Pensez à offrir un petit cadeau à la maîtresse* ou au maître de vos enfants, les premiers seront touchés par le geste et les seconds tellement contents de leur offrir !

- ☐ *Faites un état de votre stock d'emballage* cadeau et achetez ce qu'il manque.

- ☐ *Si vous recevez,* pensez aux cadeaux de table. On peut trouver de jolies idées dès 2 € (oui oui). C'est une délicate attention qui annonce la fête !

- ☐ *Ne négligez pas la séance emballage !* Ne vous y prenez pas au dernier moment car vous y passerez du temps. Emballez au fur et à mesure ou consacrez-y une demi-heure sur quelques séances.

- ☐ *Envoyez au plus tard le 15 décembre* les cadeaux qui doivent partir par la poste !

❄ DÉCO DE NOËL

- [ ] *Vérifiez vos décorations de Noël* : guirlandes lumineuses en état de marche, boules en bon état…

- [ ] *Déterminez le thème de votre Noël* et listez ce que vous aimeriez acheter pour parfaire l'ambiance.

- [ ] *Si vous souhaitez acheter de nouvelles décorations*, emmenez les enfants. Pour éviter toute crise, définissez à l'avance avec eux un nombre d'objets ou un montant maximal par objet.

- [ ] *Allez faire un tour en forêt* et ramasser mousse, branches de houx, pommes de pin… qui feront un décor naturel ravissant.

- [ ] *Inspirez-vous des blogs sur le net* qui fourmillent de super jolies idées.

- [ ] *Pensez à varier vos sources d'approvisionnement* : hypermarchés, magasins de déco ou sites internet.

❄ PRÉPARATION DES REPAS DE NOËL ET/OU NOUVEL AN

- [ ] *Prenez les rdv beauté* pour être la plus belle le jour J.

- [ ] *Pensez à la tenue de réveillon.*

- [ ] *Si vous recevez*, lancez vos invitations et demandez confirmation une semaine avant le jour J.

- [ ] *Réfléchissez à votre (vos) menu(s)* : choisissez déjà vos recettes.

- [ ] *Passez vos commandes* (en avance si besoin) chez le boucher, poissonnier, pâtissier, traiteur, sans oublier le fleuriste pour la déco de table et le gui !

- [ ] *Si vous recevez, vérifiez votre service* (verres et vaisselle propres et en nombre suffisant), nettoyez l'argenterie…

- [ ] *Réservez dès le début du mois la baby-sitter* si besoin, pour la soirée du 31.

- [ ]
- [ ]
- [ ]
- [ ]

Découpez ces pictos, réalisez le planning de votre enfant de 3 à 6 ans. (voir p. 129)

Les pictos du matin

Les pictos du soir